LE GÉNIE

DE

L'ART CHRÉTIEN

LE GÉNIE

DE

L'ART CHRÉTIEN

PAR

VICTOR GUIGOU

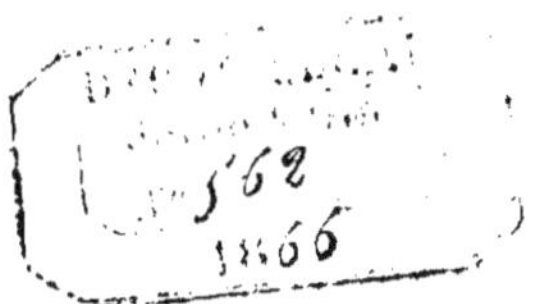

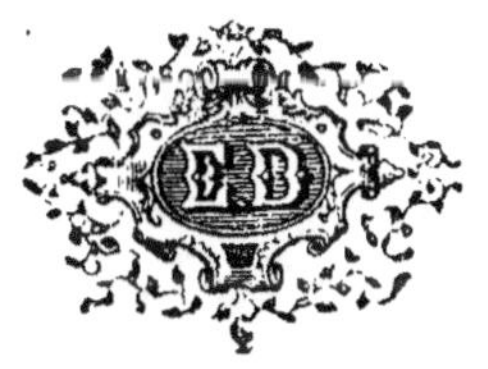

PARIS

E. DENTU, ÉDITEUR

LIBRAIRIE DE LA SOCIÉTÉ DES GENS DE LETTRES

PALAIS-ROYAL, 17 ET 19, GALERIE D'ORLÉANS

—

1866

PRÉFACE

———

L'auteur d'un ouvrage doit examiner, avant de le livrer à l'impression, s'il communique au public des idées nouvelles de quelque utilité et s'il augmente de quelques drachmes le trésor de la science humaine. J'ai la conviction que ce livre, qui porte pour titre : *le Génie de l'art chrétien*, se recommande justement par ces qualités. Il est vrai que plusieurs auteurs ont démontré d'une manière éminente et lumineuse la sublimité de notre religion, la sainteté et la beauté de sa morale, et qu'ils ont retracé l'histoire de ses productions artistiques ; cependant j'ai osé pousser mes recherches plus loin, c'est-à-dire que j'ai essayé, en premier lieu, de démontrer l'influence que le génie de l'art chrétien a exercée sur tous les beaux-arts, et la grande révolution qu'il a opérée sur eux en les relevant du matérialisme et du sensualisme pour les ennoblir, les sanctifier et les porter au plus haut degré de beauté, de perfection et d'expression. J'ai tenté ensuite de découvrir à qui est due cette prodigieuse transformation ; aussi ai-je indiqué comment l'art chrétien est né, comment il s'est développé, quels obstacles et quelles entraves il a dû surmonter, les crises qu'il a dû traverser, comment il s'est perfectionné et tout ce qui a contribué à sa décadence. J'ai enfin examiné ses productions artistiques chrétiennes, et j'en ai relevé tout le prix et les beautés.

Cet ouvrage pourrait être intitulé *Esthétique chrétienne* : à ce point de vue, il ne manque ni de nouveauté, ni d'intérêt; il pourrait être lu avec profit par tous les chrétiens; il serait aussi un livre indispensable aux artistes et aux ecclésiastiques. Ce livre est bien loin d'avoir atteint une perfection qui n'est pas possible, surtout dans une matière si vaste et si sublime. De savants critiques complèteront cette esquisse à grands traits en l'enrichissant des détails qui m'ont échappé, et, pour le reste, je compte sur la bienveillance du lecteur.

Victor GUIGOU.

LE GÉNIE
DE L'ART CHRÉTIEN

PREMIÈRE ÉPOQUE

DU Iᵉʳ AU IIIᵉ SIÈCLE

CHAPITRE PREMIER

LES CATACOMBES

C'était sur le Golgotha : à l'heure où le soleil au milieu de sa course jette sa plus vive lumière, un grand voile de nuages noirs s'étendit sur la terre pour cacher au ciel le terrible événement qui allait s'accomplir ; la terre trembla jusque dans ses fondements, la foudre sillonna la nue au moment suprême où l'homme-Dieu expirait sur la croix en prononçant ces terribles paroles : *Consummatum est*..... Les vœux des patriarches et les prédictions des prophètes étaient, en effet, accomplis. Oui, tout était accompli : la trahison de Judas, le parjure de saint Pierre ainsi que l'injustice de Pilate et le déicide. Le sacrifice des sacrifices était consommé.

Anges, ne pleurez plus, l'agneau de Dieu est immolé pour le salut du genre humain! Le livre des sept sceaux est ouvert. O vous, vénérables chefs des tribus de la terre, chantez l'hymne de la Rédemption! L'ère de la régénération humaine apparaît plus éblouissante que le soleil; l'esclave a brisé ses fers, le matérialisme est vaincu par le spiritualisme, le pharisien et l'épicurien sont confondus.

Lorsque tout fut consommé, lorsque le Christ fut rejoindre son Père au haut des cieux, les disciples, ses apôtres, comme des orphelins, furent saisis d'une crainte profonde. Que pouvaient-ils? Simples mortels, ils n'avaient ni la science, ni la pensée égale à celle de leur maître; ils n'avaient rien de surnaturel aux autres hommes, ni par leur position sociale ni par leur esprit, c'étaient de pauvres pêcheurs. Que leur restait-il de leur dévouement à la grande cause du Christ? Rien que la misère dans toute son horreur, la crainte d'un châtiment et leur vieillesse. Une chose pourtant leur restait encore, quoique affaiblie, la foi ne les avait pas entièrement abandonnés. Après une stupeur si profonde, ils entendent une voix mystérieuse et s'assemblent pour délibérer sur ce qu'ils devront faire. La faiblesse humaine allait peut-être étendre encore sur eux tout son empire et les obliger de fuir par la crainte d'une mort ignominieuse comme celle de leur Dieu et maître, fuir comme des vaincus, car celui qui les rendait vainqueurs n'existait plus. Ils se regardent les uns les autres dans un morne silence ; ils se prosternent, ils prient, et, lorsque leurs regards s'élèvent vers les cieux, une inspiration divine les saisit ; ils s'embrassent, l'esprit, le feu de Dieu est descendu sur eux. Dieu désormais parlera par leur bouche, et ils iront annoncer aux quatre coins de la terre la bonne nouvelle ; ils prêcheront la loi du Christ : amour et fraternité ; ils briseront les chaînes de l'esclavage et élèveront la femme avilie jusqu'alors et la placeront sur le même degré que l'homme.

C'est ici que commence l'œuvre sublime de ces douze apôtres du Christ. Comme leur maître, ils parlent aux peuples, et trouvent dans leur cœur un formidable écho. Ce n'est point un cri de vengeance ni de haine contre les oppresseurs, non, c'est le réveil de l'humanité, et bientôt a lieu une transformation religieuse et politique.

L'Évangile prêché fait ressentir son heureuse influence en ennoblissant et en sanctifiant l'homme, et même l'art chrétien ne tardera pas de ressentir les rayons bienfaisants qui doivent un jour le faire éclore ; mais ces rayons ne seront point ceux d'un soleil brillant au milieu d'une belle nature. Il donnera ses premiers vagissements à la clarté des lampes sépulcrales et dans l'horreur des ténèbres il commencera sa chétive existence, comme celle du Dieu des chrétiens dans une pauvre étable, sur quelques brins de paille.

L'art païen, avant l'époque du Christ, était parvenu à son apogée. En Grèce, Phidias, Praxitèle, Apelles avaient déjà créé leurs chefs-d'œuvre, et Rome, capitale du monde entier à cette époque, avait hérité de tous ses trésors comme de sa civilisation, et les divinités du culte étaient représentées par de superbes statues d'or, de bronze, de marbre. Rome était la capitale du monde, tant par la grandeur de ses monuments que par ses hommes de lettres et ses guerriers, et c'est au milieu de toutes ces merveilles, de toute sa force, de toute sa puissance que le christianisme vint déployer son humble drapeau, implanter sa doctrine et anéantir la religion païenne.

Saint Pierre aborde à Rome (après avoir fondé deux églises, l'une à Jérusalem et l'autre à Antioche) au milieu de toutes ces magnificences, guidé, seul, par l'Esprit de Dieu. Il prêche la parole du Christ, et opère des prodiges à sa voix; le peuple le suit, l'écoute; il prêche et il baptise, et bientôt la multitude chrétienne, grossissant de jour en jour, commence à faire trembler l'État romain. On vit dans cette régénération sociale un des plus grands actes de l'humanité accompli par le seul fait de l'Évangile. Le communisme ou le socialisme que les empereurs romains avaient tenté d'établir n'était qu'une utopie qui conduisait l'État vers la plus effrayante anarchie

et vers le paupérisme ; mais, sous l'action bienfaisante et divine du christianisme, il fut mis en pratique d'une manière noble et facile, et aida puissam-
ment à ses progrès.

Les prêtres païens, effrayés des progrès du christianisme, qui commençait à tout envahir, résolurent
de l'étouffer. Néron, livré à ses instincts sangui-
naires, et pour plaire aux Romains, ordonna les persécutions. Les prêtres du Christ par leur prudence
essayèrent, autant que leurs moyens le permettaient,
non de braver la tempête qui aurait pu les engloutir
tous, mais de fuir et de se cacher ; rien ne leur offrait
un asile aussi inviolable que les catacombes. Des
écrivains distingués ont émis une opinion erronée
sur leur origine, qu'ils ont voulu alors attribuer
aux chrétiens. Mais comment des hommes persécutés auraient-ils pu creuser dans les entrailles
de la terre des galeries si profondes sous les yeux
mêmes de leurs persécuteurs ? Et comment, malgré la
communauté des biens qui existait parmi eux, auraient-ils pu entreprendre de si grands travaux ?
Les catacombes existaient déjà à cette époque, et
elles sont même contemporaines de la fondation de
Rome ; c'est de là que l'on tirait le tuf et la pouzzo-
lane qui servait à bâtir cette grande ville.

Il n'était pas difficile de trouver un refuge dans ces
sombres demeures, d'autant plus que de cette multitude d'ouvriers occupés à ces travaux souterrains la

plupart étaient déjà convertis au christianisme. Ils ne dénonçaient point leurs frères, car, comme eux, ils n'étaient que de vils esclaves. Ils bâtissaient les temples et les palais de ces puissants de la terre, et, dans leur infortune, ils ne trouvaient de consolation que celle de l'Évangile, qui les rehaussait de plus de cent mille coudées au-dessus de leurs maîtres. C'est donc dans les catacombes qu'ils se réfugièrent et adoptèrent un langage mystique qui les faisait reconnaître, afin de n'être point dénoncés par des espions qui auraient pu se glisser parmi eux.

L'art chrétien n'est pas le frère jumeau de la religion chrétienne. L'une est née à Jérusalem, l'autre est né à Rome. Lorsque les apôtres se séparèrent pour aller prêcher dans tout l'univers la parole divine, ils formèrent une loi qui devint universelle, la loi du Christ même ; car le Christ ne s'était point immolé pour le peuple juif seulement, mais pour l'univers entier. Ses préceptes devaient être aussi prêchés dans tout l'univers. Les apôtres, livrés à de bien rudes labeurs, ne recherchaient que l'action la plus capitale et la plus salutaire, instruire par la prédication, baptiser, ordonner des diacres et des prêtres. Ils virent que leur mission devait être portée partout, c'est-à-dire dans les cités même les plus éloignées, dans les forêts et jusque dans les grottes... Afin que l'édifice qu'ils fondaient fût inébranlable, ils s'entendirent entre eux pour empêcher momentanément la création et la fabrication des images. Ils furent prudents d'en empêcher le culte : c'était afin de ne pas scandaliser les Hébreux nouvellement convertis et dont la religion défend les images, et afin de faire disparaître, aux yeux de cette foule de peuples livrés aux erreurs du paganisme, la vue de ce qui aurait pu les ramener à l'idolâtrie, raison puissante et digne de ceux qui avaient pour mission la régénération de l'humanité. Quelle sagesse et quelle prévoyance, enseigner et défendre ! Enseigner ce qui amène la sagesse, le progrès ; défendre ce qui peut le retarder dans une fausse voie.

Après la mort des apôtres, l'Évangile, assis sur des bases inébranlables, n'eut plus raison d'être restrictif à l'égard du culte ; l'homme, sanctifié par lui, devait faire éclore ce qui l'ennoblit et ce qui le console ; ce qui était pour lui un danger avant de connaître ses préceptes religieux devenait, une fois ces préceptes connus, une satisfaction et même un besoin. C'est là, dans les catacombes, qu'il a commencé ses premiers essais. La persécution contre les chrétiens était sévère et terrible, la crainte d'être surpris dans ce nouveau séjour devait l'être aussi ; la plupart de ceux qui n'avaient point voulu s'y réfugier ni fuir obtinrent la palme du martyre, et à la faveur des ténèbres, des chrétiens allaient recueillir les tristes restes et les ensevelissaient dans des sépulcres creusés dans les parois des couloirs. Ils créèrent des chapelles et des salles de réunion, de repas, dites *agapes*, de conversation religieuse dites *synaxès* et des baptistères : tels furent les humbles types de l'architecture chrétienne.

La chapelle avait au milieu un tombeau de martyr sur lequel le prêtre célébrait le saint sacrifice, et en face de l'entrée existait une chaise plus élevée que les degrés placés alentour et qui servait à l'évêque pour prêcher : de là l'origine de la *chaire épiscopale* et des basiliques. Le baptistère ne faisait pas partie de la chapelle, et cette habitude a été généralement suivie dans presque toutes les églises des villes d'Italie [1]. Ils avaient placé de distance en distance des lampes, dans des niches ou sur des consoles, et qui servaient à les éclairer dans cet immense labyrinthe.

Les premières peintures et sculptures ne sont pas toutes la reproduction de sujets païens, comme le croient presque tous les érudits qui ont écrit sur les catacombes. Si les chrétiens se sont approprié certains types païens, ils l'ont fait avec une intention bien différente et ils y ont apporté une certaine modification de détails plus en rapport avec leurs croyances. Les masques, les dauphins, les génies ailés, entourés de victoires et de nymphés portant des corbeilles de fleurs, ornaient les tombeaux païens ;

[1] Les baptistères détachés des églises existent encore à Crémone, Parme, Florence, Brescia, Pise, etc.

toutes ces ornementations des sépulcres des Scipions et d'autres étaient employées par des païens nouvellement convertis, qui, ne pouvant se défendre de la tradition et des types païens, ne pouvaient arriver d'un seul coup à l'invention d'une nouvelle langue figurée en parfait rapport avec la religion nouvelle; du reste, tous les types païens, employés sont innocents et expriment dans la religion la même idée morale.

Ils avaient adopté un langage mystique et de conversation sacrée que l'on appelait la doctrine arcane, toute formée de symboles tirés du paganisme, afin de mieux cacher aux ennemis de la religion chrétienne les dogmes fondamentaux du christianisme; ils y réussirent à tel point que les empereurs et les proconsuls ne conçurent jamais le fond de la religion chrétienne pendant trois siècles de persécution; ils croyaient que les agapes étaient des réunions scandaleuses, et même que le divin sacrifice n'était autre qu'une immolation humaine et qu'on buvait et mangeait le sang de la victime. Telles furent les erreurs et d'autres encore qui firent des hécatombes de chrétiens, et tels sont encore de nos jours les motifs erronés de la persécution contre les missionnaires qui vont porter la foi dans les pays lointains.

Il est de tout intérêt de faire l'énumération des peintures et sculptures d'un type païen dont la signification morale est tout à fait chrétienne.

L'aigle, qui représentait l'apothéose des empereurs romains; le paon, celui des impératrices; le dauphin et le phénix, l'immortalité de l'âme, reproduits par les chrétiens, signifiaient l'immortalité de l'âme et la sanctification des martyrs.

Les saisons, les masques théâtrals, le soleil et la lune personnifiés servaient à marquer la caducité et la fragilité de la vie humaine, et les chrétiens n'eurent aucune répugnance à adopter cette idée-là.

Sous la forme des saisons, qui portaient à la main des corbeilles et des plats de fruits, les chrétiens représentaient les diaconesses qui leur avaient apporté des secours, magnifique symbole de foi et de charité.

Pourrait-on trouver chez les païens cette manifestation de la grande idée de la vie humaine, exprimée hiéroglyphiquement par un *vaisseau*, une *ancre*, un *trident* et un phare allumé qui indique le port de la seconde vie ?

Un cheval à la course avec une palme sur la tête représentaient une vie heureusement accomplie par les martyrs : un petit vase teint de sang et une palme ornaient les tombeaux de ces derniers.

Les génies ailés, les zéphyrs et les amours qui tiennent l'inscription des tombeaux ou un portrait de saint furent transformés en anges.

Que diront les savants qui, pour faire pompe de

leur vaste érudition, se sont efforcés de démontrer que tous les sujets sont tirés du paganisme, en présence de ceux que nous allons énoncer, qu'ils ont crus païens et qui sont au contraire d'induction tout à fait chrétienne? Comment expliqueront-ils la signification de l'agneau, symbole tout à fait chrétien, tiré des paroles de saint Jean-Baptiste et de l'Apocalypse? l'agneau sans nimbe et sans drapeau signifiant bonté, mansuétude et obéissance à la loi divine.

Le cerf et d'autres animaux s'abreuvant à une fontaine, tirés d'un psaume de David, *desiderat ad fontes aquarum*, exprimaient le désir de l'âme de se réunir à Dieu, et les fidèles se nourrissant de la parole divine qui est justement indiquée par le Christ à la Samaritaine : *Que ces paroles montent comme une fontaine jusqu'à la vie éternelle.*

Les vignes et les scènes de vendanges, dans les plus primitives peintures chrétiennes des catacombes, exprimaient que le bon chrétien, juste selon l'Évangile, doit travailler dans la vigne du Seigneur afin de produire des fruits de sainteté. Les branches de vignes avec le raisin représentaient le sang de Notre-Seigneur Jésus-Christ, comme les épis représentaient le corps.

Le poisson, un des symboles le plus employé, a double signification : il signifiait sobriété et abstinence, c'était le mets favori que mangeaient le Christ et ses apôtres et qui servit à un de ses plus grands miracles. En langue grecque, il est figuré par cinq lettres représentant l'anagramme du Christ. *Jésus Christus filius Dei salvator*. On avait l'habitude de tracer simplement le poisson avec deux demi-cercles qui se réunissaient aux deux extrémités [1]. Ce symbole, appelé *vesica piscis*, vessie de poisson, se traçait sur les tombeaux, sur la porte d'entrée des églises, sur les chaires épiscopales, etc. (au lieu de la croix qu'on a mise plus tard). Dans le milieu de ces deux cercles ou ovales indiquant Jésus-Christ glorifié l'on mettait la figure du Sauveur, soit en peinture soit en sculpture.

Un faune portant une chèvre sur ses épaules et quelquefois un agneau représentait la parabole du bon pasteur. L'Évangile dit : *Ego sum pastor bonus;* quelquefois il était représenté assis au milieu de ses brebis qu'il caresse, et quelquefois une chèvre ou un bouc sur ses épaules, exprimant les pécheurs et suivi de ses brebis fidèles; il tient d'une main la flûte de Pan et de l'autre un bâton de pasteur: cette signification est chrétienne; et l'on ne peut récuser non plus cet Orphée, jeune homme assis jouant de la flûte de Pan, entouré de toutes espèces d'animaux qui l'écoutent, comme représentant le Christ imberbe, qui, par la douceur et la sainteté de sa doc-

____

[1]   ⬭

trine, gagne et séduit tous les peuples de la terre, indiqués par la différence des espèces d'animaux, et justement la coiffure phrygienne, attribut du soleil, représente la divinité ; telle est aussi la représentation du soleil ou du Christ, par un jeune homme coiffé d'un bonnet phrygien ou tiare. Quittons les symboles et les allégories dont nous venons de donner la signification la plus vraie, et entrons dans le vaste champ des sujets bibliques, dont personne ne pourra contester l'originalité de la représentation. Il est vrai qu'ils sont peints ou sculptés d'une manière abréviative et très-naïve, et que les personnages sont drapés à la romaine, mais cela n'ôte rien au mérite de la création des artistes chrétiens. Les prêtres chrétiens ne pouvaient empêcher la lecture de l'Ancien Testament, d'autant plus que le Christ a dit lui-même : « Je ne suis point venu pour détruire la loi ancienne ; je suis venu pour la confirmer et la perfectionner. »

La création est représentée par Adam et Ève au pied de l'arbre fatal, autour duquel l'on aperçoit le serpent tentateur ; Caïn et Abel offrant des dons à un personnage à longue barbe, qui n'est autre que le Père Éternel ; Noé dans l'arche avec le corbeau, exprimant qu'il n'y a de salut que dans la nacelle de l'Église ; Isaac portant sur son dos le fagot de bois pour son sacrifice, symbole le plus saillant du Christ qui porte sa croix ; le sacrifice d'Isaac ou le couteau d'Abraham, père des croyants, arrêté par une main qui sort des nuages ; Moïse recevant les deux Tables de la Loi par deux mains qui sortent des nuages ; Moïse, debout, ayant aux pieds sept vases remplis de manne ; Moïse faisant jaillir du rocher du mont Oreb les eaux pour désaltérer son peuple, représenté par deux personnages, l'un courbé, qui boit, et l'autre debout, portant une amphore d'eau sur la tête ; les Hébreux traversant la mer Rouge, c'est-à-dire le monde ; les Hébreux entrant dans la terre promise, c'est-à-dire au ciel ; le prophète Élie transporté au ciel sur un char de feu, c'est-à-dire par le feu de la charité ; Job, l'homme le plus éprouvé par les tribulations et toujours fidèle à Dieu, couché sur son fumier ; David, debout, armé de sa fronde, vainqueur de Goliath ou du démon ; le bon Daniel, persécuté et protégé par Dieu, dans sa fosse aux lions ; les Hébreux dans la fournaise ardente, chantant les louanges du Seigneur, c'est-à-dire les fidèles protégés par Dieu ; la vision d'Ezéchiel, qui représente la croyance dans la seconde vie ; Tobie fils avec le poisson miraculeux, ou la religion qui donne la vue intellectuelle de la foi.

Les sujets les plus significatifs sont ceux choisis dans l'histoire de l'Évangile : la naissance du Christ, l'adoration des mages ; jeune homme au milieu de plusieurs personnages représentant le Christ au milieu des docteurs ; le Christ parmi deux docteurs le Christ imberbe assis au milieu de douze apôtres tenant en main son Évangile ; le Christ rendant la vue à l'aveugle ; le Christ donnant les forces au paralytique ; le Christ ressuscitant son ami Lazare ; saint Pierre repenti au pied d'une colonne surmontée d'un coq.

De toutes ces peintures ou sculptures d'invention chrétienne, celle dont l'importance est la plus grande, tant sous le rapport historique qu'artistique, est la représentation des agapes ou festins sacrés. Il y en avait de quatre espèces, nommées *Natalizie*, qui étaient la représentation d'un repas en l'honneur du jour natal d'un martyr, c'est-à-dire le jour anniversaire de son arrivée au ciel ; *dédicatoire* pour la consécration d'une chapelle ; *connubial* pour le mariage, et *funéraire* pour les funérailles. Dans la représentation de ces scènes l'on voit trois, cinq ou sept personnes des deux sexes assises à une table demi-circulaire. Quelquefois les repas se trouvaient sur une petite table ronde placée derrière les convives et où la boisson est servie par un seul bras qui sort du fond de la salle ; des convives, les bras en l'air, dressent leurs coupes et boivent.

On reconnaît les agapes funéraires par la douleur exprimée par les convives du repas, et par des œufs signés d'une croix et placés sur la table, mets que mangeaient les païens sur le tombeau de leur proche[1].

[1] Les œufs des païens étaient naturellement sans croix.

Les réunions autour d'une table sans mets, incomprises par les savants, ne sont autre que des réunions sacrées dites *synaxès*. Une jeune femme voilée, présentée par un ange à un homme à la longue barbe, n'est autre qu'une âme présentée au juge divin par son ange gardien.

A côté des sépulcres et dans les chapelles étaient représentées des figures, dont le portrait debout et bien caractérisé, avec les bras ouverts et le dessous des mains dressé au ciel; telle était la manière dont les premiers chrétiens priaient. Telle est encore aujourd'hui l'attitude du prêtre priant dans le sacrifice de la messe.

Le fossorès ou fossoyeur, dignité presque sacerdotale, était représenté par un homme vêtu d'une longue tunique sur le bas de laquelle était marquée une croix; à ses pieds étaient une pioche et une lampe.

L'art chrétien des catacombes, l'ornementation, les symboles, les allégories, et les sujets tirés de l'Ancien et du Nouveau Testament, sont tous paisibles, consolants, et les plus propres à exciter la foi, la constance et l'espérance dans la vie éternelle. Là, rien d'horrible n'est figuré, ni les tourments de l'enfer réservés aux coupables, ni même un seul trait de la passion du Christ; toutes les scènes sont représentées par des peintures champêtres qui diminuent l'horreur de ces sombres lieux;

là, régnaient la concorde et la paix ; pas un mot, pas le moindre signe de haine contre les oppresseurs, pas un mot d'intolérance, pas un mot accusateur ; tout est oubli de l'outrage, tout respire le pardon. Tel est le point le plus saillant de l'histoire de l'art chrétien à cette époque, qui prouve la tolérance et le courage que les premiers chrétiens avaient poussé jusqu'au suprême degré de l'héroïsme ; en effet, si l'on ne consultait uniquement que les monuments des catacombes, l'on ne pourrait jamais dire que l'Église a subi de si longues et si rudes persécutions ; outre cela, c'est dans les catacombes que le génie symbolique de l'Orient a subi de bonne heure une heureuse transformation. L'art, inspiré par la religion se refusant à servir les plus basses passions humaines, s'est relevé en favorisant la vertu et les plus nobles aspirations de l'homme et en liant son esprit à Dieu.

Le berceau de l'art chrétien repose dans les catacombes et son épopée est écrite en lettres d'or ineffaçables[1]. Si l'on visite ces lieux vénérés, et que l'on foule le même sol qu'ont foulé tant de générations persécutées, la terre semble encore humide des larmes des confesseurs et des martyrs, l'on croit en-

---

[1] Dans le xviie siècle, les catacombes ont été fouillées, et tous les objets qui ont pu être enlevés ont été transportés au Vatican, où ils forment un musée appelé le **Musée-Sacré**.

tendre encore le chant des psaumes et entrevoir les embrassements fraternels des néophytes. L'esprit religieux qui habitait ces lieux y réside encore. Le cœur, saisi par ses étreintes invisibles, se sent transporté dans ce monde inconnu où brille la lumière éternelle !

DEUXIÈME ÉPOQUE

PROGRÈS DE L'ART CHRÉTIEN

DU IVᵉ AU XIᵉ SIÈCLE

L'heure du triomphe devait enfin sonner pour les chrétiens : le sang des martyrs, comme celui de l'innocent Abel, montait jusqu'au trône de Dieu. Les tyrans étaient rassasiés de tant de victimes ; les bourreaux, fatigués de leurs sanglantes exécutions, admiraient le calme, la sérénité, la résignation et le courage de ces hommes qui marchaient à la mort d'un air triomphal ; les pontifes païens étaient attérés ; les savants, les philosophes se sentaient, eux aussi, entraînés par l'Évangile. La philosophie des Solon, des Socrate et des Sénèque devait faire place à la doctrine chrétienne, qu'ils eurent le temps d'étudier pendant trois siècles de persécution : celle-ci fut trouvée non-seulement supérieure, mais encore divine ; elle défiait la critique la plus méticuleuse et la plus sévère, aussi les entraîna-t-elle tous. L'Évangile ne devait point seulement régner dans le cœur des esclaves, des pauvres et des ignorants, mais aussi dans le cœur des riches et des savants, et dans le cœur même de ceux qui furent ses plus ardents persécuteurs.

Dans l'air encore infecté du sang des victimes, et dans le crépuscule mourant des saturnales, une lueur apparaît au milieu des idoles renversées et des cendres fumantes de la Rome païenne ; cette lueur, c'est la croix glorieuse et triomphante plantée sur le Capitole : Rome païenne n'est plus, elle meurt de ses vices. Le déshonneur du Golgotha est réparé ! . . . .

Le despotisme enfanta la liberté ! la tyrannique persécution contre les chrétiens fit naître des soldats, des héros et des saints, qui versèrent leur sang sur les champs de bataille, au signe glorieux que Constantin arborait sur le nouveau labarum [1]. Les chrétiens surent confondre dans l'amour de leur Dieu les plus nobles élans de l'amour de la patrie.

---

[1] C'était une longue pique revêtue d'or, traversée par une pièce de bois qui en faisait une croix. Dans la partie supérieure qui s'élevait au-dessus des bras, était attachée solidement une couronne brillante d'or et de pierreries, au milieu de laquelle paraissait le monogramme du Christ formé par deux lettres grecques X et P qui se croisaient de cette façon connue de tout le monde X. Des deux bras de la croix pendait un drapeau de pourpre, tout couvert de broderies en or et de différentes pierreries, dont l'éclat éblouissait les yeux ; sur la partie inférieure de la croix, au-dessous de la couronne et du monogramme, Constantin fit placer son buste en or et ceux de ses enfants.

Par leur puissant concours, le tyran Maxence fut
vaincu, et Constantin entra victorieux et triom-
phant dans Rome chrétienne, et sur son trône im-
périal plaça à côté de lui le chef de la communauté
des chrétiens persécutés, le vicaire du Christ, le
successeur de saint Pierre. Désormais la paix était
signée. Le pape devait siéger avec les honneurs dus
à son rang, et exercer son pouvoir spirituel dans
toute sa liberté. L'art chrétien encore dans l'enfance
devait sortir des catacombes pour concourir à rendre
la religion plus belle et plus agréable, montrer à la
face du monde ses beautés, et ajouter ses splendeurs
au culte : le Christ ne resta que trois jours enseveli
dans son tombeau, mais l'art chrétien resta trois
siècles dans les catacombes.

ARCHITECTURE

Tout d'abord le but des plus ardents désirs des
chrétiens fut la prise de possession des temples
païens et leur transformation en églises chrétiennes.
Mais ensuite ils en détruisirent un grand nombre,
desquels ils enlevaient les matériaux les plus riches
et les plus précieux pour bâtir des temples nouveaux ;
les colonnes de jaspe et de porphyre furent employées pour former des autels, pour orner et em-

bellir les chapelles des catacombes. Les statues du paganisme furent détruites, mutilées ou enfouies sous les décombres des démolitions [1] ; les bas-reliefs et les tombeaux eurent le même sort, quelques-uns cependant d'un travail précieux furent conservés et transportés dans les églises où les chrétiens s'en servirent pour ensevelir les ossements des saints et des martyrs. Ils construisirent à l'entrée des catacombes des chapelles et des basiliques [2] dont l'autel du milieu ou autel-major correspondait au tombeau d'un saint placé dans l'église souterraine, et dont ils prirent la dénomination ; leur forme était variée, tantôt carrée, octogone ou rectangulaire, à l'imitation des cryptes. L'autel était formé du tombeau d'un saint sur lequel était un baldaquin supporté par quatre colonnes, toujours à l'imitation de l'Église souterraine, dans les églises principales et dans les

[1] Nous n'approuvons pas le zèle excessif qu'ont mis les chrétiens et les papes de cette époque à briser tant de chefs-d'œuvre, et à faire fondre les idoles d'or et de bronze pour en faire des statues de saints bien inférieures sous le rapport artistique à celles détruites. Nous préférons l'art chrétien à l'art profane, mais il ne faut pas être exclusif, ni intolérant : l'on doit admirer le beau où il se trouve et le respecter.

[2] En 324 Constantin fit détruire le cirque de Néron, où trouvèrent la mort tant de chrétiens, et c'est dans cet amphithéâtre, au-dessus du sépulcre de saint Pierre, qu'il fit construire un grand temple dédié au prince des apôtres ; puis il fit construire Saint-Paul, Saint-Laurent, Sainte-Agnès. Il est bon d'observer qu'à la mort de Constantin le paganisme fut rétabli par les empereurs grecs Julien et Valentinien. Ce ne fut qu'en 389 que Théodose déclara la religion chrétienne religion de l'empire.

grandes basiliques qu'ils construisirent, ou dans les temples païens qu'ils transformaient en temples chrétiens. Ils avaient édifié une salle contiguë servant au baptême ; au milieu de cette salle existait une grande vasque dans laquelle entrait le néophyte qui devait recevoir le sacrement [1] ; dans d'autres églises la vasque pour le baptème était dans l'église même.

Les prêtres des IVe et Ve siècles avaient hérité, des prêtres des catacombes, d'une certaine circonspection dans l'explication des mystères et des dogmes de la religion. L'austérité extrême qui régnait fixait de grandes pénitences aux pécheurs pour chaque faute. Au nombre de ces peines était celle qui consistait à rester hors de l'église pendant un certain temps et même pendant des années (ainsi pour les néophytes et les catéchumènes), et à obliger les pécheurs à

[1] Le baptême à cette époque n'était pas administré par aspersion, comme le pratiquaient les apôtres, mais par immersion ; par conséquent la vasque était d'une grande dimension, de différentes formes, et ornée à l'extérieur ; à l'intérieur existait une marche pour s'asseoir ou s'agenouiller. Le baptême avait lieu à l'âge de quatorze ans, afin que les jeunes gens pussent prononcer eux-mêmes les vœux sacramentels ; les diacres ou les diaconesses, selon les sexes, étaient préposés aux cérémonies du baptême. C'étaient eux qui tenaient le linge qui couvrait toute la vasque, de sorte que la tête seule du catéchumène apparaissait, et le prêtre prononçait la formule du sacrement et faisait faire trois immersions à la tête du catéchumène. Saint Augustin ayant démontré que les enfants morts sans le baptême ne sont pas sauvés, et l'Église approuvant cette doctrine, on commença à baptiser en danger de mort, plus tard on ordonna de baptiser à la naissance même.

demander pitié aux passants ; afin de mettre cette foule à l'abri des intempéries, on construisit des anti-églises, des pronaons et plus tard des portiques. Les chrétiens des catacombes aimaient à être enseveils dans les chapelles ou à proximité, dans le but de participer aux prières des fidèles et aux mérites des martyrs ou des saints ensevelis dans l'autel : cet usage fut suivi pendant plusieurs siècles par des dévots qui désiraient être ensevelis dans les catacombes ou dans les églises. Cette dévotion étant devenue générale, et les églises transformées en cimetières étant devenues insuffisantes, l'on fut forcé de les ensevelir sur les places à l'entour des églises, et principalement sous les portiques. Telle fut la création des cimetières que l'architecture chrétienne a embellis, enrichis, et plus tard portés à un grand degré de beauté relative à ce but.

Tels sont les progrès de l'architecture marqués du sceau du génie chrétien ; elle a reproduit en grand les églises des catacombes, elle a créé des églises, des chapelles, des tabernacles, des baptistères[1], des pronaons et des portiques[2] qui se transformaient en

---

[1] Presque tous les baptistères sont de forme octogone ; cette forme est prescrite par saint Ambroise, qui en décrit les raisons symboliques dans une magnifique poésie, citée par Gruterio, page 1166, n° 8.

[2] Tels sont les portiques de la basilique de Saint-Ambroise, à Milan, du ixe siècle ; de plusieurs églises de Pavie, du viie siècle, et d'une petite église érigée par Didier, dernier roi des Lombards, sur une montagne, près Lecco.

cimetières, et ces derniers en *campo-santo*. Elle n'a
rien inventé relativement aux ordres anciens d'architecture : à peine s'élève-t-elle sur les débris des temples anciens que l'époque de sa décadence arrive. On
ne peut cependant lui refuser quelques créations fantastiques, bizarres et très-variées dans la formation
des frises et des chapiteaux. Les chrétiens de cette
époque croyaient à l'emploi de certaines ornementations, telles que les sphinx, les chimères, les grif-
fons et les lions exprimant la force ; ils pensaient que
ces monstres avaient la propriété d'éloigner les esprits malins ; ils croyaient aussi représenter dans certains animaux le sort des pécheurs. Nabuchodonosor
changé en bête, la méchanceté des hérétiques.
Outre ces animaux que nous venons de nommer, ils
représentaient aussi une chèvre, un bœuf, un serpent ou un tigre, qu'ils plaçaient aux portes des
églises au-dessus des colonnes, des pronaons et des
chaires qui furent créées dans le ive et le ve siècle.
L'aigle aux ailes déployées, symbole de saint Jean
l'Évangéliste, que l'on plaçait près des chaires, servait de pupitre. Dans les églises, plus tard, l'on créa
deux chaires, l'une pour des leçons de l'Écriture
Sainte et les Épîtres, l'autre pour les Évangiles. Les
sermons étaient faits dans ces temps par l'évêque,
assis sur un siége élevé dans l'abside, tel qu'on le
voit encore dans la basilique de Saint-Ambroise, à
Milan. Les Barbares qui ont envahi l'Europe, les

Goths, les Visigoths, les Francs, les Huns et les Lombards, n'ont apporté aucun changement à l'architecture chrétienne. Il existe encore en Lombardie des ruines de monuments faits par Théodelinde, Agiluph et Didier, qui portent justement l'empreinte de l'architecture romaine en décadence.

PEINTURE ET SCULPTURE.

La peinture et la sculpture, n'étant plus entravées par la prudence des prêtres et par la crainte des persécutions, reçoivent une grande impulsion par la dévotion des fidèles. Il était naturel que le tombeau de saint Pierre reçût les premiers honneurs. Constantin en avait fait construire un en bronze doré, surmonté d'une grande croix en or massif, ciselée et émaillée; mais il fut plus tard remplacé par un autre plus riche, que fit élever le pape Adrien Ier. L'on ne peut aujourd'hui qu'en donner une faible et pâle idée descriptive; il était d'une richesse et d'une magnificence inouïe : le confessionnal était en or massif, ainsi que les portraits en relief du pape et de l'empereur; l'autel était en or, les colonnes en argent; le pavé était formé de lames d'argent; tout le vestibule était en argent, peuplé de statues et de chérubins en or ; les vases sacrés et autres étaient d'une richesse fabuleuse. Les légendes religieuses ajoutent que Bélisaire fit cadeau au tombeau de saint Pierre d'une grande croix en or massif, émaillée et ciselée, et qu'il eut la faiblesse de faire sculpter sur les bas-reliefs toutes ses victoires. Si l'on connaît toute la richesse matérielle de cette ornementation, l'on n'est point fixé sur la beauté artistique.

Il faut cependant avouer que l'art chrétien de la Rome souterraine était bien inférieur au mérite de l'art de la Rome des Césars, ce qui est bien facile à comprendre ; en effet, les artistes chrétiens, de la classe la plus humble, dépourvus d'instruction et de beaux modèles, obligés de travailler dans l'ombre, à la clarté d'une lampe, ne pouvaient faire des chefs-d'œuvre, et les statuaires, appartenant à la même condition que les peintres, ne pouvaient non plus, avec des matières grossières, arriver à faire quelque chose de bien ; toutes les œuvres de cette époque, comme pose et draperies, ressemblent aux statues païennes : les artistes n'ont cherché qu'à donner un peu d'expression aux visages, et aux figures des attributs pour les caractériser. Ils ont créé le nimbe et l'auréole qui n'étaient pas employés dans les catacombes et qui devinrent un attribut général pour le Christ, la Vierge et les Saints. Ils se sont approprié les tablettes en ivoire qui représentaient les portraits des sénateurs, des consuls et des empereurs, et en y fai-

sant des changements ils ont créé des sujets chrétiens. La mosaïque était beaucoup employée à cette
époque pour l'ornementation des catacombes et des
nouvelles églises.

Avant d'indiquer les sujets traités dans la période
de sept siècles à dater de la liberté de l'Église, et les
progrès apportés par le génie chrétien, il est nécessaire de traiter des types hiérarchiques du Christ, de
la Vierge et des Apôtres, qui sont les premiers personnages de la religion chrétienne. A Rome, dans les
catacombes, le type du Christ est tout à fait idéal et
significatif, comme nous l'avons déjà dit : s'il est représenté comme un homme jeune et imberbe, c'est
pour indiquer sa divinité qui ne vieillit jamais, et
non comme véritable portrait. Ce type date de la
moitié du IIe siècle : cependant en Orient la piété
faisait circuler un soi-disant portrait du Christ peu
de temps même après sa mort. Les traits de Jésus
étaient trop profondément gravés dans les cœurs pour
qu'ils pussent être si facilement oubliés, et ce fut
sans trop de peine que son portrait fut combiné
d'une manière irréprochable. L'Église ne pouvait que
l'adopter, et jusqu'à ce jour il n'a pas subi de grands
changements. Il était représenté avec un visage ovale,
un peu allongé, encadré par une barbe courte et peu
fournie, et par une chevelure séparée au milieu du
front et tombant sur les épaules à la manière des
Nazaréens. Son nez était aquilin, et ses yeux et sa

bouche étaient remplis d'une douceur et d'une mé-
lancolie divine.

L'histoire donne un éclatant témoignage de vérité
en prouvant que le véritable portrait du Christ
existait en Orient dès le commencement du christianisme. Constance, fille de l'empereur Constantin,
adressant une lettre à Eusèbe, évêque de Césarée, le
panégyriste de Constantin, le priait de lui envoyer
un portrait du Christ. Or, tandis qu'en Orient il existait déjà, en Occident était-il à peine ou pas connu.
Cependant, sur la voûte d'une chapelle des catacombes de Saint-Calixte (IV⁰ siècle) on peignit un
buste du Christ qui satisfit les chrétiens. Il est probable que l'artiste ne l'exécuta que d'après une
image venue d'Orient. Vers la même époque, c'est-
à-dire aussi vers le IV⁰ siècle, le type de la Vierge fut
fixé, mais l'imagination et la piété seule créèrent
ses traits. Elle fut peinte plutôt comme portrait
moral et symbolique que comme véritable portrait
physique. Le concile d'Éphèse, en 431, dit à ce sujet
que la Vierge doit être représentée par une belle figure
voilée respirant l'honnêteté et l'humilité ; qu'à défaut
du portrait matériel, on a désiré faire le portrait de
son âme. La beauté physique n'a été adoptée que pour
représenter plus noblement toutes les perfections de
ses vertus. En Orient, dans les I⁰ʳ et II⁰ siècles, il cir-
culait des portraits de la Vierge attribués à saint
Luc et à saint Nicodème, et d'autres créés par les hé-

rétiques appelés gnostiques; saint Augustin nous apprend à ce sujet qu'une certaine Marceline, de la secte des gnostiques, exposait dans la petite église qu'elle dirigeait à Rome, les images du Christ, de la Vierge et de saint Paul, mêlées avec celles d'Homère et de Pythagore. L'empereur Alexandre Sévère, connu par sa tolérance et son polythéisme, avait dans son palais les images du Christ, d'Abraham, de Moïse, au milieu de celles des philosophes païens.

Les portraits des apôtres saint Pierre et saint Paul étaient fixés à l'époque de leur mort, et il est plus que probable qu'ils l'étaient même de leur vivant. Saint Ambroise dit que le portrait de saint Paul, qui existait de son temps, était le seul véritable portrait transmis par les premiers fidèles; son long séjour dans l'Asie Mineure, sa vie active passée au milieu des grandes luttes religieuses et philosophiques, tout avait concouru à conserver la reproduction des traits de ce saint; du reste, la persécution dans ces pays n'était ni aussi forte ni aussi atroce qu'à Rome. A l'époque de saint Jérôme les portraits de saint Pierre et de saint Paul existaient déjà, exécutés sur les vases et les lampes des catacombes. Saint Pierre était représenté sous la figure d'un vieillard chauve, avec une touffe au milieu du front, vu de profil et dans l'attitude de bénir. Saint Paul était de l'autre côté, assis aussi, avec une longue barbe, les cheveux frisés et un peu rougeâtres et dans l'atti-

tude de prêcher, pour représenter la force de son éloquence[1] ; tous les deux tenant à la main un volume
du symbole des docteurs et des apôtres ; mais l'on ne
voyait représentés dans ces portraits ni les clefs ni
le glaive. D'après les saints Pères, l'on a représenté
saint Pierre chauve et très-âgé, pour indiquer, par
la vieillesse, sa supériorité sur les autres apôtres,
et saint Paul avec une grande barbe, pour indiquer
la force de son éloquence ; les autres apôtres ne se
distinguent que par le livre, et plus tard par les attributs de leur martyre. Au IVe siècle on vénérait
déjà les portraits des quatre martyrs couronnés de
saint Marcelin, saint Polion, saint Syriaque et saint
Pricille.

Les sujets de l'Ancien Testament étaient le thème
favori des chrétiens de cette époque. Ils étaient
mieux représentés que dans les catacombes, avec
plus de personnages et sans abréviation. Saint Paul
de Nola fit exécuter des peintures sur les parois de
la basilique construite par lui-même et dédiée à
saint Félix. Saint Grégoire de Nicée, en Grèce, nous
apprend que parmi les peintures qui le frappaient

[1] A l'époque de saint Paul, quelques chrétiens, par excès de zèle,
avaient ajouté aux évangiles et aux prophéties des légendes qui n'existaient pas ; ils furent blâmés par saint Paul, qui leur dit que la religion
n'avait pas besoin de nouveautés pour se soutenir. L'Église, d'après ces
principes, a répudié soixante-douze évangiles, dans lesquels, parmi des
choses vraies, l'on en avait mêlé de fausses.

le plus et qui lui faisaient répandre des larmes,
était une peinture représentant le sacrifice d'A-
braham. Le pape Célestin, en 424, fit orner aussi de
peintures son propre cimetière.

L'art chrétien dans le ive et ve siècle semble s'é-
loigner de la route suivie par les chrétiens des catacombes ; au lieu d'être naïf et joyeux, il paraît se
complaire quelquefois dans des sujets tristes et lu-
gubres. La peinture et la sculpture représentent
fréquemment des sujets de martyrisation. Saint
Grégoire de Nicée, dans le panégyrique de saint
Théodore, exalte une peinture que l'on venait de
dédier à ce saint, et qui représentait son martyre.
Saint Basile loue et recommande avec exaltation
une peinture représentant la mort de quarante
martyrs. Le concile de Nicée fait mention d'une belle
peinture représentant le martyre de sainte Euphé-
mie, et les hymnes de Prudence en mentionnent
plusieurs, et surtout le martyre de saint Cassien et
de saint Hippolyte ; mais il faut observer que toutes
ces créations furent bien peu nombreuses pendant la
durée de deux siècles. Ce n'est cependant que vers
la fin du vie siècle que la figure du Christ en croix
et les monuments de la passion ont été représentés.

Cependant l'on ne pourrait croire à quel point
d'exaltation et de vénération l'amour des images
portatives et des diptyques était porté, et les Pères

des conciles qui les recommandaient (390) ne faisaient qu'enflammer le zèle religieux surtout des ermites, des pèlerins et des dévôts. Ils plaçaient ces petites images entre des cierges qu'ils allumaient, et priaient devant elles, puis les prenant dans leur mains, les pressaient sur leur cœur, les portaient à leurs lèvres et les baisaient, semblables à l'enfant qui embrasse le portrait de sa mère, non parce qu'elle est sa mère propre, mais bien parce qu'elle lui représente ses traits, comme un père ou une mère embrassent le portrait de leur fils, objet touchant de leur tendresse, nobles élans du cœur qui portent dans l'âme une félicité et un bonheur qui n'a de comparable que celle du ciel.

Des savants austères crurent apercevoir dans ces actes des principes d'idolâtrie, et croyant bien faire, au lieu d'en modérer le zèle en vinrent aux extrêmes et résolurent de les abolir. Ils trouvèrent une vive opposition qui excita leur fureur : celle-ci poussée à l'excès, dégénéra en l'hérésie dite des iconoclastes ou persécuteurs d'images. De quoi étaient-ils donc coupables ces chrétiens qui trouvaient leur joie et leur bonheur à vénérer et embrasser les images qui leur rappelaient l'objet de leur dévotion ? Le christianisme n'a pas inventé des dieux apocryphes comme les dieux païens, tout ce que l'Eglise vénère a existé, a vécu comme nous dans le monde au milieu des peines et des vicissitudes. C'est de là que sont sortis ces martyrs et ces saints dont la vie, modèle d'abnégation et de vertu, doit être placée toujours devant nos yeux et dans nos cœurs, dans nos joies pour nous en montrer toute leur fragilité, et dans nos peines pour nous éclairer du rayon de l'espérance. Pourquoi l'Église, si tolérante lorsqu'elle était persécutée, devient-elle à son tour persécutrice alors qu'elle jouit de toute sa liberté? Nous disons l'Église, parce que c'est de son sein que se leva cette multitude de chrétiens, d'ailleurs respectables, qui par excès de zèle voulaient imposer dans l'Église leur doctrines erronées et barbares pour l'art. Les hérésies naissaient à chaque pas; mais à chaque pas aussi elles étaient combattues par ces grandes figures qui non-seulement soutenaient la lutte, mais encore par leur victoire ajoutaient de nouveaux lustres à l'Église triomphante. L'hérésie des iconoclastes éclatait malheureusement à l'époque où existait déjà la haine et la jalousie de l'Église d'Orient contre Rome; c'est de là que commença ce vaste incendie qui dura près d'un siècle.

Les Hébreux qui habitaient l'Orient étaient plus nombreux que ceux d'Occident, aussi grossissaient-ils le nombre des mécontents qui approuvaient les persécuteurs d'images. Ils interprétaient trop naturellement le premier décalogue de leur commandement et ressemblaient à ces savants austères dont nous venons de parler, parmi lesquels l'histoire nous a conservé le nom de Sérenus, évêque de Marseille, qui voulait détruire toutes les images, mais qui ne le fit point suivant les admonestations de Grégoire le Grand et se contint.

Dans l'extrême Orient, Mahomet, se disant prophète et envoyé de Dieu, avait fondé un empire au milieu de peuples guerriers et superstitieux et leur avait donné le Coran comme code religieux et social ; à sa mort, les califes ses successeurs marchèrent sur ses traces, tout obstacle à leur foi devait disparaître par le cimeterre ou le feu. Un des successeurs de Mahomet, le calife Jesid Ier, qui régnait dans la Syrie, persécuta les chrétiens, mais il mourut après trois ans de persécution.

L'empereur de Constantinople, Léon l'Isaurien, suivit l'exemple de Jesid; sept ans après son élévation au trône, 724, il promulgua un édit contre les images et commença l'œuvre de destruction dans son palais même par un grand Christ que Constantin avait fait exécuter[1]. Il fit jeter en prison des personnes notables, et beaucoup de théologiens et de savants furent brûlés sur les places publiques; mais les murmures et la résistance du peuple firent

---

[1] Léon l'Isaurien, après avoir détruit l'image du Christ, exécutée par les ordres de Constantin, fit élever à sa place une simple croix avec une inscription ; car les iconoclastes honoraient la croix, pourvu qu'elle n'eût pas de crucifix.

cesser ces scènes de carnage et d'horreur. Sa colère et sa vengeance ne devaient pas rester longtemps assouvies; c'est vers l'Occident qu'elles devaient se déchaîner avec un cynisme des plus effrayants. Il ordonna au pape Grégoire II d'abattre la statue de saint Pierre, en bronze doré, dressée à Rome, et d'effacer toutes les images qui existaient dans toute l'Italie, le menaçant d'exil si ses ordres n'étaient pas exécutés. Le pape répondit à cet outrage par une excommunication de l'exarque de Ravenne et de tous ses complices, ainsi que de l'empereur. Il délia les sujets du serment d'obéissance et de lui payer le tribut, et prêcha une croisade contre l'empereur. Les Italiens se levèrent comme un seul homme contre les Grecs.

Léon, irrité, déclare dans tout l'empire que les images n'étant que des idoles, quiconque les adorerait serait puni de mort. Il dépose le patriarche saint Germain, puis le fait étrangler, et crée un autre pape dans la personne d'Anastasius.

Le pape de Rome rassemble un concile qui excommunie Anastasius, et condamne l'hérésie, mais il meurt, et Grégoire III, qui lui succède bientôt, cherche dans un but d'humanité à gagner l'empereur (732). Ce dernier envoie sa flotte contre la croisade italienne, mais arrivée près le Pirée elle fait naufrage. L'empereur furieux continue à persécuter ses sujets pendant huit ans encore, c'est-à-dire jusqu'à sa mort. Constantin Copronyme, son fils, lui succède et surpasse son père en cruautés; son beau-frère Artabaxde profite du mécontentement pour le déposer, et fait cesser les persécutions; mais après trois ans Constantin Copronyme remonte au pouvoir et devient plus terrible qu'auparavant. En l'année 755 il assemble un grand concile dans Constantinople, présidé par l'antipape et par trois cent trente-huit évêques, lesquels excommunient saint George, évêque de Chypre, et saint Jean Damasien ; puis, après avoir fait assembler le peuple, lui fait jurer de renoncer au culte des images [1]. En présence d'un si imposant concile la persécution s'étendit bientôt en Italie et Rome même ne fut pas épargnée. Les religieux qui à Constantinople ne voulurent point se soumettre furent emprisonnés ou bannis. Le pape même, Etienne III, fut obligé de se réfugier en France et d'invoquer l'appui de Pépin. Il avait à combattre non-seulement l'Église d'Orient, qui cherchait tous les moyens pour s'emparer de la suprématie du pouvoir ecclésiastique, mais encore contre un nouvel ennemi dans la personne d'Astolphe, roi des Lombards, qui menaçait de s'emparer de Rome.

L'empereur voyant le pape chercher un appui en

---

[1] *Exorde des iconoclastes.* — Le clergé d'Orient craignant que les peuples ne retournassent à l'idolâtrie, en présence de la vénération outrée des images, commença à prohiber les statues et les bas-reliefs comme étant les objets qui représentaient le mieux la figure humaine ; et commanda de ne pas mettre du relief aux figures peintes, comme aussi aux images.

France, déchaîne sa rage et sa fureur contre les reliques des saints qu'il fit briser et jeter au feu ; après ces atrocités, il fut condamné par un concile assemblé à Jérusalem, 760, qui blâme son hérésie ; mais la persécution ne devait finir qu'après sa mort, qui eut lieu en 775.

Les catholiques ne furent plus persécutés sous le règne de Léon IV son fils. Par les soins de l'impératrice Irène, un concile fut assemblé à Constantinople dans un sens tout à fait catholique, mais l'armée, séduite par les iconoclastes, s'opposa par la force des armes aux décrets de ce concile ; une année après l'on assembla un autre concile, qui est celui de Nicée. Les décrets du concile furent approuvés par le pape et le concile de Francfort, assemblé par Charlemagne, qui déclarèrent le concile de Nicée œcuménique. Les empereurs d'Orient, Léon l'Arménien et Théophile persistèrent dans l'hérésie, mais Théodora, impératrice, qui avait un grand ascendant sur son fils Michel (842) fit adopter le concile de Nicée, lequel déclarait qu'on ne devait adorer que Dieu, et vénérer les images par rapport à ceux qu'elles représentent, c'est-à-dire aux saints.

Cette guerre déclarée aux images pendant près d'un demi-siècle a fait grand tort à l'art chrétien et à son développement, soit par la destruction des

images, soit par le découragement des artistes,
d'autant plus qu'à la mort de Charlemagne[1] les
ténèbres du moyen âge s'étendirent plus que jamais
sur l'Europe, les sujets qu'ils représentaient sous la
persécution des iconoclastes ne sont plus aussi naïfs
et aussi gais que dans les catacombes, mais tristes
et sombres. L'Apocalypse devient le thème favori
de leur composition. Tantôt c'est l'hydre aux sept
têtes, tantôt l'ange exterminateur, tantôt le cheval
de la mort, tantôt Babylone qui s'enivre dans le vin
de la fornication ; ajoutez à cet esprit sombre qui
s'était emparé de l'esprit religieux (xe siècle) une
scène plus lugubre qui devait s'accomplir; une
fausse interprétation des prophéties propagée par
les moines, jette les populations entières dans la
terreur. La fin du monde pour eux était imminente
et devait bientôt arriver, les agriculteurs et les ouvriers abandonnèrent leurs travaux, les riches donnèrent leurs biens aux pauvres et léguèrent leurs richesses aux églises, et couverts d'un cilice et de
cendres ils se retiraient dans les couvents ou dans
les grottes; les villes et les campagnes ressemblaient à des déserts et ne résonnaient plus que de
gémissements et de cantiques de pénitence. Mais
cette frayeur devait finir peu à peu, car au com-

---

[1] Charlemagne, en 843, fit reconstruire l'église du Saint-Sépulcre
sur l'antique dessin de forme circulaire, avec la permission du calife
Haroun-al-Raschild.

mencement du XIe siècle tout était calme et dans l'ordre comme auparavant.

Les chrétiens, après la victoire remportée sur les iconoclastes, soit par dévotion, soit par ostentation et antagonisme, multipliaient les images peintes, ou en mosaïque ou sculptées, non-seulement dans l'intérieur des églises, mais encore en surchargeaient les façades et principalement les portes d'entrée. Ils représentaient le Sauveur et les apôtres avec leurs symboles, les évangélistes, les saints, ou les vertus théologales et faisaient courir cette ornementation même sur les fenêtres. En France, à cette époque, l'on adopta la même forme des églises, et cette méthode d'ornementation et d'abondance d'images. L'Église de Saint-Trophime à Arles, celle de Saint-Saturnin à Toulouse, de Sainte-Croix à Bordeaux, de Saint-Pierre à Angoulème, à Poitiers, etc., font foi de notre observation.

Malgré toutes les commotions que subit le génie de l'art chrétien, il est nécessaire de signaler les progrès qu'il accomplit vers la perfection, soit dans la ciselure, la mosaïque, la peinture, et la sculpture (l'orfévrerie), *la musique* et *la poésie sacrée*.

Dans la basilique de Saint-Ambroise, à Milan, l'on voit derrière la chaire un bas-relief exécuté au commencement du IVe siècle [1], et qui représente

---

[1] Saint Ambroise ne voulut plus que les agapes se célébrassent dans les églises parce que, de son temps, elles dégénéraient de leur saint

peut-être la plus grande agape connue parce que l'on
y voit neuf personnes assises à une table allongée ;
ces personnages sont grossièrement représentés, et
leurs physionomies indiquent diverses conditions,
dans leurs regards et poses plus graves que sévères.
Un fait digne de remarque, c'est que les yeux sont
creux et dans les cavités l'on aperçoit encore des
linéaments de plomb, ce qui prouve que les yeux
devaient être en cristal ou en pierre selon l'usage
des Grecs.

Milan, à l'époque de Charlemagne, était déjà une
ville très-célèbre principalement dans l'orfévrerie
et la sculpture ou ciselure qui se rattache à cet art.
Elle produisit le magnifique chef-d'œuvre que nous
allons décrire, qui consiste en un *splendide devant
d'autel* divisé en quatre parties qui le revêtent dans
ses quatre faces : cet autel est l'autel major de la basilique de Saint-Ambroise que l'on ne montre qu'aux
jours de grande solennité. La partie qui fait face à la
porte d'entrée est toute de lames d'or et les trois
autres de lames d'argent travaillées et ciselées, et
ornée d'émaux, de perles et de pierres précieuses.
Le devant d'autel en or est divisé en trois compartiments : celui du milieu a la forme d'une croix, dans

but. Le manger ou le boire donnaient lieu à des litiges et des contes-
tations, et quelquefois il se tenait des propos contraires aux mœurs.
D'après les écrivains ecclésiastiques milanais, l'on sait que les
riches abandonnaient les agapes aux pauvres les jours de solennité.

le centre se trouve représenté le Rédempteur qui tient une longue croix de la main droite, et de la gauche l'Évangile ; autour de lui sont représentés les quatre emblèmes des évangélistes et les douze apôtres. Sur le devant d'autel postérieur, divisé aussi en trois compartiments se trouvent, sur les deux latéraux, douze traits en bas-reliefs de la vie de saint Ambroise, et dans le compartiment du milieu quatre médaillons. Dans les deux supérieurs sont représentés les archanges saints Michel et Gabriel, avec leurs longs sceptres d'or dans les mains comme des ambassadeurs grecs. Dans le troisième médaillon est représenté saint Ambroise qui couronne l'archevêque Angilberto, qui lui offre le modèle de l'autel mentionné, et dans le quatrième saint Ambroise, qui couronne le sculpteur de ce devant d'autel appelé Wolvino. Les coutumes des ecclésiastiques et des laïques du xie siècle, sont si bien représentées qu'elles méritent d'être notées et prouvent : 1º que les archevêques ne portaient pas encore la mitre ; 2º que l'autel ne portait ni croix ni chandeliers ; 3º que le calice avait deux anses ; 4º que le missel n'était pas un livre, mais un rouleau déployé ; 5º la manière dont saint Ambroise baptise saint Augustin, qui placé dans une grande vasque reçoit l'eau que lui verse le diacre sur la tête pendant que saint Ambroise lui fait le signe de la croix ; 6º le cadavre de saint Martin, évêque, enveloppé comme une momie égyptienne. Tous les ornements et les bas-reliefs de ce chef-d'œuvre sont si bien exécutés et si bien conservés, qu'ils paraissent ne remonter qu'au xvᵉ siècle.

Parmi les diptyques qui servaient de couvertures aux évangiles et aux épîtres qu'on lisait dans les cérémonies sacrées, trois sont célèbres : un grec et deux latins que l'on conserve encore dans le trésor du Dôme de Milan ; l'on y retrouve toutes les dates des peintures des catacombes et des bas-reliefs déjà mentionnés; cependant ils sont plus riches des sujets tirés de l'Ancien et du Nouveau Testament, et mieux exécutés.

Nous ne décrirons point un devant d'autel byzantin en or qui se trouve dans l'église Saint-Marc, à Venise, les altérations, et les restaurations qu'il a subies, lui ôtent toute sa valeur artistique.

Mosaïque. — Dans la chapelle annexe de la basilique de Saint-Laurent, à Milan, et dédiée à saint Aquilin, martyr, l'on voit encore une mosaïque qui est peut-être la plus belle du vuᵉ siècle, représentant le Christ, encore imberbe, assis au milieu des apôtres, et dans l'action de prêcher. Si le témoignage des écrivains dignes de foi ne prouvaient point que cette peinture mosaïque est vraiment du vuᵉ siècle, l'on serait tenté de croire qu'elle est du ivᵉ siècle, non-seulement parce que le Christ est représenté imberbe, mais parce que les figures sont bien dessinées, bien drapées, et dans des poses et des mouvements vrais et naturels.

L'on voit aussi dans l'abside de la basilique de Saint-Ambroise, à Milan, une superbe mosaïque du ixe siècle qui a toute l'importance des peintures des catacombes. Le Christ est représenté avec la barbe, assis sur un trône magnifique, dans l'action de bénir et tenant de la main gauche l'Évangile; au-dessus, à droite du Christ, l'on voit saint Michel et à gauche saint Gabriel; l'un tenant de la main un encensoir, et l'autre drapé d'un manteau; aux côtés du Christ l'on voit, peints en pied, saint Gervais et saint Protais, tenant en main une croix, et dans le fond du tableau, peints en petite dimension, deux traits de la vie de saint Ambroise.

Dans l'église de Saint-Apollinaire, à Ravenne, se trouve une mosaïque éminemment religieuse; de la porte à l'abside sont représentées, en mosaïque, deux processions, une de saints martyrs vêtus de blanc et ceints d'auréoles, et l'autre de saintes femmes vêtues de longues tuniques avec ceintures, voiles et riches diadèmes sur la tête et ceintes d'auréoles, et tenant de la main droite la couronne du martyre; les deux processions sont précédées d'anges qui conduisent l'une au pied du Christ, l'autre au pied de la Vierge. Les figures sont hautes de huit pieds et chacune d'elles est encadrée d'ornements de palme. Cette mosaïque date du milieu du vie siècle.

Elle fut exécutée par les ordres de l'archevêque Agnello.

Cimetières. — Un des grands progrès du génie de l'art chrétien consiste dans les peintures et sculptures qui ornaient les tombeaux des sépulcres, dans les églises et dans les cimetières. Rien n'est plus grand, ni plus émouvant! Les païens, pour honorer les morts, répandaient beaucoup de larmes dans des vases appelés lacrymatoires, qu'ils plaçaient à côté des urnes cinéraires, et à l'ombre d'un saule et des cyprès qu'ils ornaient de fleurs ; quelquefois aussi ils sculptaient sur les tombeaux les actions les plus éclatantes du défunt , il n'y manquait ni le sang des victimes, ni même quelquefois des esclaves, lorsqu'on brûlait leurs cendres.

Le christianisme a créé un rite plus moral et plus sublime pour les dépouilles mortelles ; il a bien voulu les mettre à l'abri des insultes, mais n'en a pas fait une idolâtrie. Les chrétiens disaient avec raison :

> Che valgono agli estinti
> Due lagrime, due fior ?
> All' ombra dei cypressi e dentro l' urna
> Confortate di pianto, è forse
> Il sonno della morte meno duro ?

> Que valent pour les morts quelques larmes ?
> Quelques fleurs ? Est-ce qu'à l'ombre des cyprès
> Et dans les urnes arrosées de larmes, le sommeil
> De la mort est moins dur ?

Ils s'occupaient plutôt du salut des âmes des défunts que de leurs dépouilles mortelles. Ils se rappellaient les passages du livre des Macchabées et des autres passages du livre de Job, que c'est une pensée sainte et salutaire de prier pour les morts. Ils célébraient le sacrifice expiatoire et récitaient des prières. On plaçait sur les tombeaux le signe de la Rédemption, dans lequel seul il y a le salut. On peignait, on sculptait aussi quelques sujets de la passion du Christ par laquelle sont remis les péchés des hommes, et quelquefois le portrait du mort qui se recommande à la clémence de la Vierge et de Jésus. Quelquefois il est présenté par le saint dont il porte le nom ou par son saint tutélaire, quelquefois l'on représentait le Christ à moitié dehors de son tombeau et très-souvent la mère du Christ avec son fils mort sur ses genoux.

L'inscription, malgré le rang, la fortune, les dignités, les priviléges du défunt, était humble et d'une simplicité touchante; l'orgueil ne devait pas arriver jusqu'au seuil du tombeau : priez pour l'âme; et quelquefois seulement : *in pace*, étaient les seules inscriptions que les chrétiens mettaient sur leurs tombes. Ils se recommandaient aux prières, car d'elles seules ils espéraient leur salut.. Priez! se disaient-ils parmi eux, priez chrétiens ! frères, priez! Cri sublime qui doit faire fléchir les cœurs. Priez! car ce n'est que par la prière que l'âme immonde,

purifiée, pourra s'envoler dans le séjour céleste.
Priez! priez! pour tous. Priez pour la main qui a tenu
le sceptre; priez pour l'habitant des palais aux
lambris dorés, entouré de toutes les grandeurs,
hautain, jaloux, despote, sanguinaire, ivre de plaisirs. Priez pour le pauvre pèlerin et le laboureur;
priez pour celui dont l'existence sur cette terre fut
torturée par la misère, la faim, la maladie, le désespoir et l'injustice des hommes; priez pour les hypo-
crites qui ont porté toute leur vie le masque men-
teur qui recélait tous les vices de l'enfer; priez pour
le vainqueur, mais priez aussi pour le vaincu, comme
pour le pauvre exilé mort sur la terre étrangère!
Par la prière pour les morts, nous accomplissons,
selon les préceptes du Christ, l'acte le plus puissant
qui puisse désarmer le courroux de Dieu.

Depuis les premiers temps du christianisme l'É-
glise, fidèle aux lois de l'Ancien Testament, ne
s'est point départie de cet usage. Elle prie pour
les âmes des pauvres, des riches, des sages, des
méchants, des grands et des humbles. La prière sert
à alimenter la foi, la résignation, l'espérance, et
apaise la douleur, elle entretient cette correspon-
dance invisible et mystérieuse entre les vivants et
les morts, et proclame d'une manière éclatante la
miséricorde de Dieu et l'immortalité de l'âme!

MUSIQUE ET POÉSIE.

Il ne faut pas être enthousiaste aveugle de l'antiquité; l'homme est l'être susceptible de perfection, surtout quand il est sous l'influence d'un motif surnaturel, et c'est ce que nous allons prouver.

Quelle était la musique chez les peuples païens? En interrogeant les monuments du passé chez les Perses, les Grecs, les Romains, dans la peinture comme dans la sculpture, et dans les livres des historiens, l'on retrouve les instruments très-imparfaits qui ont servi à cet usage; même les Chinois, un des plus anciens peuples qui ont conservé jusqu'à nos jours leurs us, leurs coutumes, leurs langues et leur religion, prouvent que cet art est resté non-seulement stationnaire, mais encore à l'état barbare; si l'on retrouve chez les Grecs anciens une musique vocale, ce n'est qu'une syllabation ou pour mieux dire une déclamation mesurée, empruntée seulement à une harmonie imitative comme le murmure des eaux, le grondement de la tempête, le sifflement du vent, le chant des oiseaux, mais cette musique naïve ne laisse dans l'âme qu'un faible sentiment. Les Grecs et les Romains avaient leurs hymnes sacrées qu'ils chantaient en dansant au son des tibias et des lyres. Ces chants étaient divisés en trois parties, appelées : strophes, anti-strophes et épodon. Mais les Hébreux avaient les psaumes et les mélodies de David qui portent une empreinte et une signification beaucoup plus grande. Quoi de plus sublime que le fameux psaume *Quis ascendit in montem Domini? Aut quis stabit in loco sancto ejus?* Qui est digne de toucher le sommet de la montagne de Dieu ? et de séjourner dans ses tabernacles ? Les lévites au son des trompettes faisaient, en chantant, cette interrogation au peuple, et le peuple, marchant après l'arche, répondait en masse : Celui qui fera le bien, qui sera miséricordieux, indulgent, généreux! Les lévites répétaient, toujours en chantant, la même demande, et le peuple en masse répondait encore : Celui qui aura l'âme pure et qui aura rempli ses devoirs envers Dieu, envers soi-même et envers le prochain. Ce psaume seul était le résumé de toute la philosophie morale.

L'on sait que David composa plus de cent psaumes et que de son vivant un grand nombre étaient chantés auprès de l'arche d'alliance accompagnés du son des trompettes, des harpes et des timbales, et que son fils Salomon forma une école de jeunes garçons qui ensemble avec les lévites chantaient les psaumes de David pendant les sacrifices, et pendant que se jouait cette musique bruyante, l'on dansait en battant les cadences avec des timbales.

Le génie de l'art chrétien ne pouvait qu'accepter

cette poésie inspirée, surhumaine. Il voulait bien introduire la musique et la poésie dans le temple du Seigneur, comme il avait introduit auparavant ses deux autres sœurs la peinture et la sculpture, dans l'intention que si toutes les choses créées doivent célébrer les louanges de Dieu, les beaux-arts qui sont l'émanation directe de la sagesse divine doivent encore plus d'une manière noble exalter l'esprit, émouvoir les cœurs, chanter les prodiges du bras divin et les miséricordes infinies de l'Éternel. Mais avant de l'introduire dans le sanctuaire, il voulut qu'elle fût purifiée et sanctifiée comme l'avaient été la peinture, l'architecture et la sculpture.

Les psaumes de David avec leurs cantilènes ou motifs, furent agréés par les chrétiens, mais l'on exclut le son étourdissant des instruments et les danses pratiquées aussi par les païens, et qui ne pouvaient s'accorder avec la gravité et la sainteté de la religion chrétienne.

Le génie de l'art chrétien, avec un profond savoir, prescrivit que le chant des psaumes fut à l'unisson. Tous les Pères de l'Église s'accordent à trouver cette méthode éminemment religieuse et d'une haute signification. Le grand aréopagiste saint Denis, disciple de saint Paul, dit à ce sujet : « Lorsque la modulation unissonne des hymnes a préparé et disposé les affections de notre âme, et avec le concours de la divine poésie a uni nos esprits aux choses saintes, à nous-mêmes et à nos frères comme dans une douce concorde (alors l'évêque accomplit les rites sacrés) ».

Saint Ignace, évêque et martyr, écrit : chacun de vous ne doit être qu'un corps seul avec la voix unissonne dans votre conscience, chantez Jésus-Christ, et la consonnance recevra la mélodie du Seigneur, qui est dans l'unité et dans la charité.

Origène commentant les psaumes s'exprime ainsi : Si de plusieurs ceps l'on forme une torche, un seul mélange divin, ainsi la multitude des fidèles offre à Dieu une seule prière et une seule modulation des cantiques.

Saint Basile, dans l'homélie sur le premier psaume, exprime ainsi la même pensée : L'union des âmes et des cœurs, dit-il, est savamment indiquée dans l'u-nisson de la mélodie. Le plus grand de tous les biens, qui est la charité, reconnaît sa conservation dans le chant unisson des psaumes; la mélodie sacrée est comme un lien pour unir les cœurs dans la con-corde et rassemble le peuple dans la symphonie d'une seule pensée.

Nous pourions citer une grande quantité de textes de tous les Pères de l'Église d'Orient et d'Occident; mais afin de ne pas fatiguer le lecteur nous nous limiterons à ces passages de saint Ambroise et de saint Léon le Grand. La psalmodie est le lien de charité qui réunit le peuple dans un chœur unisson,

— le psaume que nous venons de chanter a réuni toutes les voix dans une seule, jeunes et vieux, riches et pauvres, hommes et femmes, libres et esclaves, nous avons tous formé une seule mélodie unissonne qui est montée jusqu'au ciel. Il ne manque plus qu'à la suave consonnance du chant correspondent l'uniformité des mœurs et la concorde des âmes.

Il est donc prouvé que les apôtres et leurs successeurs admirent le Psalterium de David et qu'ils en conservèrent scrupuleusement le cantilène original, et que le chant à l'unisson fut adopté dans le but d'unifier les intentions et les affections. L'Église du Christ, durant les persécutions, n'eut pas le temps de bien ordonner et d'organiser, ni d'établir le Rituel, le Missel et tous les offices ; cette lacune fut remplie premièrement d'une manière imparfaite par les Grecs, mais en Occident saint Ambroise, né à Arles en 380, mérite les honneurs d'avoir établi les cérémonies religieuses d'une manière admirable ainsi que les règles du chant ecclésiastique, la musique qu'il composa était si édifiante que saint Augustin raconte que toutes les fois qu'il entendait le chant ambrosien, il ne pouvait s'empêcher de verser des larmes d'attendrissement. Nous croyons fermement que le génie de l'art chrétien s'est inspiré au sublime verset du psaume 132.

Ecce quam bonum et quam jucundum habitari fratres in unum. Quel bonheur et quelle joie si tous les hommes étaient des frères et réunis dans une seule famille! c'est là le vœu que nous exprimons tous les jours dans l'oraison dominicale : *adveniat regnum tuum!*

Nous ne pouvons oublier de mentionner un poëte chrétien qui vivait au IVe siècle et dont les œuvres sont très-estimés. Aurélius-Clémens Prudentius, Espagnol natif de Sarragosse, en grande estime auprès de Théodose le Grand et de ses fils, fut avocat, puis promu à la charge de préfet et de consul. Il composa les poëmes suivant intitulés : *Psycomachia, combat des esprits ;* | *Cathemerion, des choses divines;* | *Peristephanon, des couronnes des martyrs ;* | *Apothéosis, de la divinité ;* | *Hamartigenia, de l'origine des péchés ;* | *Euchiridion veteris et novi testamenti,* poëme sur la création *du monde,* très-estimé.

En Orient, l'usage de chanter les psaumes et autres prières était répandu mais d'une manière trop simple qui ressemblait à une syllabation comme les Grecs païens. Le grand métropolitain de Milan, et docteur de l'Église voulut, et composa une musique grave et majestueuse, et prit pour base les quatre tons dits authentiques ainsi nommés *Dorio, Lydio, Myssolydio* et *Frigio*; son chant, à l'unisson, est métrique et modulé ensemble, parce qu'il est formé de syllabes longues et de brèves ; ajoutez à ce mérite d'invention celui non moins grand d'avoir composé tant de belles hymnes inspirées et sublimes.

Saint Ambroise est le poëte sacré latin par excellence ; toutes ses compositions sont pleines d'idées si grandioses et si édifiantes qu'elles transportent l'esprit jusqu'à Dieu ; telles sont, outre les hymnes, les préfaces, les messes, les *Oremus* et le *Te Deum laudamus*, qui, quoique en prose, sont des chefs-d'œuvres d'esthétique religieuse. Un autre grand docteur de notre Église, saint Grégoire le Grand, pape, deux siècles après saint Ambroise, s'occupa à réorganiser et perfectionner le chant romain, il divisa les quatre tons grecs adoptés par saint Ambroise en huit, et par marquer les sept notes de chaque ton avec les sept premières lettres de l'alphabet, majuscules pour les quatre premiers tons plus graves et minuscules pour les autres. Mais ce chant n'a ni mètre, ni mesure.

Si à ces deux Pères de l'Église appartient la gloire d'avoir inventé des hymnes, réglé le rituel, amélioré les cantilènes, et le rhythme des cantiques religieux, à Guido d'Arezzo, moine bénédictin, appartient l'honneur d'avoir inventé en 820 une méthode plus simple pour apprendre le chant, qu'il dédia à son supérieur Téobaldo ; telles étaient grandes les difficultés de l'enseignement de la musique à cette époque que huit ou dix années étaient nécessaires pour devenir chanteur, mais avec la méthode de Guido une année d'étude suffisait. Il donna le nom aux notes musicales qui sont encore en usage aujourd'hui, prenant la première strophe des huit vers qui composent l'hymne de saint Jean-Baptiste [1].

L'histoire nous apprend que depuis Clovis jusqu'à Louis XI, tous les rois étaient dévots et extrêmement amateurs de la musique sacrée, au point qu'ils chantaient eux-mêmes les psaumes et aimaient même diriger les chantres. La chapelle du roi fut donc par ces raisons la première fondée en France ; puis s'ouvrirent d'autres écoles dans les cathédrales de Soissons, de Metz, de Tours et d'Avignon, et ce goût se répandit même chez les particuliers. Le roi Clovis demanda à Théodoric, roi des Goths, un maître de chant ferme ou plain-chant, et ce dernier, par l'intermédiaire du grand Boëce, lui expédia un certain Acorède (précisément à l'époque que Grégoire le Grand avait fait la réforme du chant ecclésiastique) qui fit de bons élèves, non-seulement dans le chant mais encore dans le son de divers instruments.

[1] Guido d'Arezzo, outre d'avoir inventé la gamme selon l'ordre naturel, inventa aussi divers instruments. Le système de Guido, ainsi amélioré, fut cependant susceptible de beaucoup d'importantes modifications par les soins du célèbre Marchetti de Padoue, qui, en 1274, produisit un ouvrage théorique, intitulé : *Lucidarium in arte musicæ mesuratæ*. L'art du chant fit de notables progrès dans les siècles xive et xve en Italie, principalement par les œuvres de Posdocino Beldemando, de Padoue ; de Franchino Gaffurio, de Lodi ; de Giovanni Spatario, de Bologne ; d'Antoine Squarciagaluppi, de Florence, qui laissèrent de très-bons écrits.

L'on parle avec enthousiasme de la belle voix de Gal qui, du couvent de Clermont, fut appelé à la chapelle de Théodoric roi des Ostrogoths, puis fut nommé évêque de Clermont, et par ses vertus fut proclamé saint et patron des musiciens. Dagobert était passionné pour la psalmodie, et le ministre de ce dernier, saint Éloi, parle d'un très-bon, mais très-orgueilleux chanteur appelé Maurice, employé à la chapelle du roi Clotaire II. Thierry III s'était pourvu de chanteurs et de musiciens si habiles que saint Ausbert un jour, en les entendant, s'écria : *O mon Dieu! si vous donnez aux mortels une industrie capable d'élever ainsi nos âmes jusqu'à vous et d'enflammer notre dévotion à vous louer, que sera-ce d'entendre dans le ciel le cantique éternel des anges et des saints.*

Un corps respectable de musiciens fut établi dans l'église cathédrale de Paris par l'évêque saint Germain, mais la chapelle des rois de France ne reçut une règle et des statuts que vers 750, par les soins du roi Pépin.

Durant le séjour du pape Étienne III à Avignon, Pépin fut si frappé de la majesté du chant grégorien, qu'il pensa de l'étendre dans toute la France. Plus tard le pape Paul Ier lui expédia grand nombre de livres *corali* bien corrects, puis un très-bon maître de plain-chant nommé Siméon Romain, qui ouvrit une école de chant à Rouen; mais il paraît qu'il n'allait pas d'accord avec les vieux chanteurs et il

se retira bientôt à Rome, où le suivirent cependant
beaucoup de clercs français pour se perfectionner
dans le chant sous sa direction, et ces derniers, à
leur tour, devinrent les professeurs des chapelles
royales de Metz, de Soissons, etc. Le chapelain de
la reine Beltrada fonda même une école de chant
sacré qui devint célèbre dans le monastère de Saint-
Wandule dans lequel il était abbé, et même Charlemagne, qui fut à Rome pendant la Pàque de 789,
nota une grande différence entre le chant romain et
le chant français, et à cause de cela expédia les
deux chanteurs distingués Theodoro et Benedetto
un à Metz et l'autre à Soissons, afin d'enseigner le
vrai chant grégorien, et corriger et réformer les
livres *corali* de toutes les églises de France, et il
en fut si content qu'il envoya à Rome d'habiles
moines français pour qu'ils se perfectionnassent
dans cet art et devinssent à leur tour professeurs
en France.

Robert le Pieux chantait et faisait chanter chaque
jour les heures canonicales, et même il composa
quelques hymnes sacrés et beaucoup de répons qui
se chantaient encore dans quelques églises de France
comme *Judea* et *Jerusalem nolite timere* pour la solennité de Noël, *Cornelius centurio* pour la fête de
saint Pierre, et *Constantia martyrum* pour les fêtes
des martyrs.

ORGUES.

Le génie de l'art chrétien qui par les raisons que nous avons déjà démontrées avait exclu le son des instruments bruyants, inspira plusieurs chrétiens d'inventer un instrument grave et majestueux pour accompagner le chant. Ils y réussirent admirablement, mais ce ne fut qu'avec beaucoup de peines et de profondes études. Comme le chant à l'unisson recueille dans une seule voix toutes les voix des fidèles pour exprimer le lien de charité, de même ce nouvel instrument réunit tous les autres. Cet instrument s'appelle orgue. Dans les temps antiques, organo ou orgue était le nom que l'on donnait à tous les instruments en général, mais l'orgue chrétien est toute autre chose, et il est plus que probable que l'orgue que l'on attribue communément à sainte Cécile, et celui mentionné du pape Vitaliano, n'étaient que des instruments composés de plusieurs roseaux, et non de véritables orgues. L'on ne peut mettre en doute celui expédié par Constantin Copronyme à Pépin en 756[1]. Il est aussi fait mention d'un autre orgue construit par Giatar, et expédié avec d'autres présents par le calife de Bag-

[1] Cet orgue expédié par Constantin Copronyme au roi Pépin, à Compiègne, fut donné par ce dernier à l'église Saint-Corneille de cette ville.

dad à Charlemagne [1] : l'on sait aussi que cet empereur en tira plusieurs de la Grèce pour faire don aux cathédrales de France. Dans le IX⁰ siècle était déjà célèbre l'orgue hydraulique d'Aix-la-Chapelle, quoique petit et transportable, construit par un prêtre de Venise nommé Grégorio, en l'année 826. A cette époque il en existait déjà en Germanie où il paraît que l'on en fabriquait d'excellents, et que là aussi étaient d'excellents organistes, puisque Jean VIII priait l'évêque de Freising, nommé Anex, de lui expédier un orgue et un bon organiste. Les chroniques anglaises mentionnent un orgue monstre construit en 951 par ordre de l'évêque de Winchester, nommé Elseg. Il était composé de quatre cents tuyaux et avait vingt-six soufflets qui nécessitaient la force de soixante-dix hommes robustes pour le mettre en mouvement. L'orgue fut beaucoup amélioré par le moine français Gerbert, homme de génie, qui apporta d'Orient, parmi beaucoup d'autres choses, les dix chiffres arabes, et écrivit différents ouvrages sur les mathématiques, sur l'astronomie, ses orgues étaient hydrauliques. Ce fut en l'année 990 qu'il fut élu pape sous le nom de Silvestre II.

---

[1] Boudri, duc du Frioul, présenta à Charlemagne un prêtre vénitien très habile dans la fabrication des orgues hydrauliques, et ce dernier ordonna à son trésorier de fournir toutes les sommes nécessaires pour en construire un à Aix-la-Chapelle.

TROISIÈME ÉPOQUE

DES CROISADES A DANTE

DU XIIe AU XIVe SIÈCLE

D'où viennent ces clameurs, ce tumulte et ces bruits guerriers, qui semblables aux mugissements des vagues de la mer orageuse, troublent le silence des déserts et des forêts ? Pourquoi toute l'Europe frémissante et armée se meut-elle ? Un homme monté sur une mule, et la croix à la main, entraîne par la seule force de sa parole les populations armées des villes et des bourgades. Ce moine ou ermite c'est Pierre d'Amiens qui prêche la croisade ; il dit les profanations du saint Sépulcre et les cruautés des Sarrasins contre les pauvres pèlerins ; ses paroles retentissent dans le cœur de ceux qui l'écoutent ; la conquête du saint Sépulcre est une entreprise en harmonie avec leurs idées religieuses et leur esprit chevaleresque, et bientôt une multitude armée, venue de tous les points de l'Europe, campe près l'église de Clermont, où a lieu le plus grand et le plus solennel de tous les conciles.

Le pape Urbain II le présidait, ayant à sa gauche Pierre l'Ermite et un nombre considérable d'évêques et de peuple qui l'entourait : au milieu du plus grand silence et du plus profond recueillement, il leur adressait ces mémorables paroles : « Frères, pourquoi vos querelles intestines ? pourquoi vos discordes ? pourquoi vos luttes fratricides ? Retournez vos haines contre les ennemis de la foi, et que vos épées et votre courage enlèvent des mains des infidèles le saint Sépulcre profané et insulté chaque jour. Unis par la concorde, allez conquérir la Palestine, où chaque grain de cette terre sainte raconte un prodige, un miracle, cette terre qui fut sanctifiée par le sang de l'homme Dieu et où se sont accomplis les plus augustes mystères de notre religion, doit appartenir à ceux qui croient à Notre-Seigneur Jésus-Christ, et non aux infidèles ennemis de la foi. L'heure de la conquête a sonné ; allez, ô valeureux champions de l'Église, Dieu est avec vous ! allez conquérir la palme du martyre ! Je vous accorde le pardon de tous vos péchés. Allez ! Dieu le veut ! Dieu le veut ! »

Ce cri : Dieu le veut ! répété par des millions de bouches, retentit aux quatre coins de l'Europe, et a la vertu prodigieuse de créer deux millions de combattants. Qui reverra une scène aussi imposante? Les ducs, les comtes, les barons, les évêques, vendent leurs biens pour armer leurs vassaux. Les princes remettent dans les mains du peuple le pouvoir suprême, et s'apprêtent à conduire les armées, les couvents se désemplissent de moines qui s'arment aussi; les femmes mêmes sont occupées à faire des étendards, et des croix pour orner la poitrine des croisés. Toute l'Europe ne se trouva jamais si unie. En vain le pape et Pierre l'Ermite cherchent de maîtriser l'enthousiasme sacré et de fixer le jour du départ; encore fallut-il défendre aux vieillards, aux femmes et aux enfants de suivre l'armée; tous voulaient aller combattre afin d'obtenir le pardon de leurs péchés, et la palme du martyre. Plus de cent mille hommes italiens, allemands, anglais et français précédaient la marche; mais ces troupes mal disciplinées et mal aguerries devinrent bientôt la proie facile de leurs ennemis. Les ducs, les princes, les évêques ne virent le salut de l'armée qu'en remettant le commandement suprême à Godefroi de Bouillon, qui, après des efforts surhumains de courage et de valeur, après avoir souffert les horreurs de la faim, de la soif et de la peste, après avoir pris Nicée et Antioche, arrive enfin en face de Jérusalem.

A la vue de la ville sainte, les chrétiens sentent renaître leur courage. En vain les assiégés opposent la plus vive résistance; mais les croisés, après des

prodiges de valeur, prennent la ville d'assaut, et, le
15 juillet 1099, l'auguste drapeau de la croix flottait
sur les remparts de la ville conquise. Les croisés,
prosternés devant le tombeau du Christ, et après
avoir accompli leur vœux, offrent la couronne à
Godefroi de Bouillon, qui ne voulut point porter une
couronne d'or où le Christ avait été couronné d'é-
pines, et, dans son humilité, ne prit que le simple
titre de baron. A la défense du saint Sépulcre, se
créèrent les ordres des Templiers, pour la protection des pèlerins, et les ordres des Hospitaliers et
des Teutons.

Les successeurs de Godefroi de Bouillon ne suivirent point l'exemple de leur prédécesseur ; les gou-
verneurs des provinces, divisés par de graves discordes, encouragèrent les Sarrasins de s'emparer de
nouveau de Jérusalem.

Saint Bernard prêche une seconde croisade pour
aller secourir les croisés en danger. Les Français
et les Allemands volent en Palestine ; mais, dans
leur marche, trouvent une vigoureuse résistance.
L'armée, décimée, réduite à quelques bataillons,
peut à grand peine entrer à Jérusalem. Saladin,
avec des troupes fraîches, aguerries, et enthou-
siastes des victoires remportées sur les croisés, prit
la ville d'assaut, après quatre-vingt-huit ans d'oc-
cupation par les chrétiens. A cette triste nouvelle,
l'Église prend le deuil et Urbain II se meurt de dou-

leur. L'Europe se trouble, mais ne se fatigue pas ; elle organise d'autres croisades, à la tête desquelles était un de nos grands rois (saint Louis, roi de France), mais qui n'eurent d'autres résultats que d'affaiblir les Sarrasins et de leur ôter cette force qu'ils auraient employée à faire la conquête de l'Europe.

Le génie de l'art chrétien ne devait rien perdre de ce grand conflit, il devait au contraire tracer de nouveaux sillons de vie et de gloire. Les chrétiens regardaient les mahométans comme des démons et des barbares, comme ils le furent en effet lorsqu'ils détruisirent la bibliothèque d'Alexandrie, et lorsqu'ils firent aussi, comme les iconoclastes, la guerre aux images, et qu'ils tentaient, en détruisant les églises, de détruire la religion du Christ ; mais cependant on ne peut s'empêcher de reconnaître quelques années après que, pendant que l'Europe était plongée dans les ténèbres de l'ignorance, le trésor des sciences et des arts se conservait chez les Arabes.

Les croisés retournèrent dans leur patrie riches de grandes et nouvelles idées ; ils y apportaient les germes de la grande renaissance qui devait tant honorer le génie de l'art chrétien. La première croisade ne fit que marquer les premiers pas vers la perfection, et tous les efforts des croisés ne furent que d'imiter et de reproduire les monuments qu'ils découvraient dans les nouveaux pays conquis...

Beaucoup d'évêques ne firent que lever le plan et l'élévation de l'église du Saint-Sépulcre [1], afin d'en faire édifier de parfaitement semblables dans leurs diocèses. Mieux inspirés furent les Vénitiens, qui, aussitôt après la première croisade, exécutèrent leur grande église de Saint-Marc, avec de précieux matériaux tirés de la Grèce. Elle ne fut point une imitation servile, mais plutôt un mélange harmonieux de style roman, byzantin et mauresque, et ce qui, sous le rapport religieux, la rend célèbre, majestueuse et digne d'admiration, c'est son ensemble imposant ; et dans l'intérieur, les parois et les voûtes toutes couvertes de mosaïques représentant des sujets sacrés, qui lui donnent un aspect d'une vaste et magnifique catacombe.

Mais en attendant que le génie de l'art chrétien crée un nouveau style architectural, en Italie, en France, en Allemagne et en Angleterre, nous croyons utile de parler auparavant de deux grandes innovations dans l'architecture chrétienne : celles du clocher et des chapelles latérales. Les Hébreux, les Grecs et les Romains connaissaient l'usage des petites cloches ou clochettes, qu'ils employaient soit aux usages domestiques, soit pour amuser les enfants. Les premiers chrétiens ne s'en servirent point dans les

---

[1] Le calife Nakin fit, en 1048, détruire l'église du Saint-Sépulcre ; mais elle fut reconstruite trente-sept ans après et terminée par Godefroi de Bouillon.

catacombes, pour ne pas éveiller des soupçons par le bruit ; ceux qui commencèrent à en faire usage et qui grossirent leur forme furent les ermites et les moines, vers le VIIe siècle. Elles servirent à donner les heures des cérémonies religieuses. Ils les appelaient *Squilla*, du nom de la fonderie de Squilla, dans la province de Campanie ; et bientôt, lorsqu'elles acquirent un volume plus fort, elles prirent le nom de la province où elles étaient fabriquées et furent nommées *Campane* [1].

Dans la Vénétie, vers le Xe siècle, il existait beaucoup de fonderies de campanes ou cloches : ce qui le prouve, c'est que l'archevêque Aribert fit placer une cloche sur le carroccio qu'il inventa. Disons deux mots sur ce qu'était ce carroccio, qui nous montrera l'esprit tout guerrier de cet archevêque. C'était un grand char traîné par huit bœufs couverts de riches étoffes ; sur le char était un autel au milieu duquel s'élevait un grand mât (qui portait l'étendard de la ville) surmonté d'une boule d'or près de laquelle était appendue une cloche ; sur l'autel, l'on célébrait le saint sacrifice, puis l'archevêque prêchait, et les chefs de l'armée donnaient leurs ordres. Ce carroccio était toujours placé au centre de l'armée, et mille soldats d'élite étaient préposés à la garde du char :

---

[1] En Lombardie existe, sur la montagne de Brianza, une tour qui porte une cloche, que l'on attribue faussement à la reine Théodelinde.

on les appelait les Soldats de la Mort. Crémone et les autres villes d'Italie adoptèrent cette nouvelle espèce de labarum. L'archevêque Aribert est le premier qui ait porté la mitre et la crosse ou bâton pastoral que l'on voit encore dans le trésor du Dôme [1]. Anastasius nous apprend aussi que le pape Étienne III fit édifier une espèce de clocher près le tombeau de saint Pierre, qui portait trois cloches. Voyant toute l'utilité que l'on pouvait retirer des cloches, l'on pensa, à l'époque des croisades, d'ajouter aux églises une tour dans laquelle on plaçait une grosse cloche qui avait un double but, celui d'avertir les fidèles de la célébration des cérémonies religieuses et de rassembler les habitants des villes en conseil. Notez qu'à cette époque, presque toutes les villes d'Italie se gouvernaient elles-mêmes, comme autant de républiques, et que les idées religieuses étaient dans la plus entière concorde avec les idées patriotiques ; la patrie était aussi sacrée que la religion. L'on chercha à donner une nouvelle forme aux églises, et l'on établit une espèce de tour au-dessus de la voûte de la confession, dans laquelle on plaçait une cloche, et la corde qui servait à la faire sonner descendait près du maître-autel.

Le son grave et majestueux de la cloche, que l'on ne sonnait qu'à genoux, fut approuvé par la religion ;

[1] Voyez Luigi Malvezzi, illustration du Dôme de Milan.

elle voulut que sa bénédiction lui fût donnée avant de l'employer, afin que l'on puisse dire en l'entendant sonner : c'est la voix de Dieu. Qui écrira un jour ton histoire, ô cloche bénie ! dont le son nous réjouit, nous charme, nous attriste, ou nous glace d'effroi ? Emportée sur les ailes du vent à l'aube matinale, tu nous annonces la prière : c'est l'aurore aux couleurs de rose, c'est le soleil, c'est le travail, c'est la vie ; aux dernières lueurs scintillantes du jour, c'est la prière aussi, mais pour les morts : c'est le repos, c'est le calme dans les rêves de la nuit. Joyeuse, à toute volée, tu nous annonces les fêtes de la naissance ou de la résurrection ; mais sonore et lente, lorsque tu sonnes l'agonie, le glas funèbre ou l'incendie, tu nous fais entrevoir les portes du tombeau, la destruction, et tu nous glaces de terreur. Quand la tempête se déchaîne sur le vaisseau au milieu des mers, ta voix exalte et ranime le courage ; mais quand le fatal destin doit tout engloutir, et lorsque tout a disparu dans l'abîme, fidèle messagère, ta voix erre encore dans l'espace et va porter vers Dieu les derniers cris de douleur avec la dernière prière des pauvres naufragés !

La première idée des grands clochers et leur majestueuse construction date des croisades, comme nous l'avons déjà dit ; à la vue des minarets qui s'élevaient au-dessus des mosquées, l'émulation fit agrandir la structure des clochers à raison de la grandeur des villes [1]. Les campaniles ou clochers des métropoles étaient des tours vraiment fortifiées. Il en existe encore à Creme et à Crémone, quelques-unes des xiie et xiiie siècles. L'histoire nous dit aussi que Frédéric Barberousse, ordonnant de détruire Milan, voulut que l'on respectât les églises, à l'exception de la grande tour ou clocher de la cathé-drale, parce que, de cette hauteur les Milanais, avec leurs balistes ou machines de guerre, faisaient subir de grandes pertes à son armée.

Le nombre croissant des prêtres et des moines, après la première croisade, montra le besoin d'a-jouter des chapelles latérales aux églises, afin qu'il fût possible à tout ce clergé de faire célébrer le saint sacrifice. La symétrie et l'unité de construction fut blessée par cet agrandissement, qui cependant était devenu nécessaire pour favoriser les petites dévo-tions. Les chapelles latérales ressemblent à autant de petites églises dans les grandes *églises*, et la religion des moines à autant de petites religions au sein de la grande religion. Depuis cette époque,

[1] Le chrétiens se servaient de 2, 3, 5, 9, 12 cloches qu'ils accordaient avec des notes musicales à l'effet de produire une harmonie. Dans les villes d'Italie et principalement en Lombardie, chaque cloche est fixée à une roue mobile qui par le moyen d'une corde décrit un demi-cercle, et chaque fois qu'il le décrit donne deux sons en mesure qui pro-duisent des motifs gais ou tristes, selon les circonstances.

En Angleterre, ce mode est adopté même pour les temples protes-tants. En France, l'usage de plusieurs cloches qui sonnent s'appelle carillon.

l'on a commencé à prier les saints directement pour intercéder après de Dieu, ce qui est permis par l'Église, et l'on s'est permis d'attribuer à chaque saint le pouvoir d'accorder une grâce spéciale. Par exemple, à sainte Lucie, la grâce de guérir le mal d'yeux ; à sainte Apolline, les maux de dents ; à saint Sébastien et à saint Roch, la peste, etc., etc. De plus, chaque profession, chaque métier, s'est attribué un saint ; chaque ville se choisit un patron, et de cette manière se multiplièrent les fêtes et les offrandes au sanctuaire, et se formèrent les richesses du clergé ; malgré cela, la peinture et la sculpture trouvèrent dans la création de ces nombreuses chapelles un vaste champ où elles purent étaler toutes leurs beautés et leurs magnificences.

ARCHITECTURE

Avant de parler des différents styles employés à la construction des églises, nous devons dire ce qu'étaient auparavant le style byzantin et le style italien, improprement appelé style lombard.

ÉGLISES DE STYLE BYZANTIN

Lorsque Constantin le Grand transféra le siége de l'empire de Rome à Byzance, aujourd'hui Constantinople, la ville, qui n'était pas d'une grande étendue, ne possédait que très-peu de temples païens. Les chrétiens, en Italie, n'avaient eu qu'à transformer, mais en Orient ils furent dans la nécessité de créer une nouvelle architecture chrétienne, parce que les matériaux solides et de dimension manquaient; pour obvier à cet obstacle, ils supprimèrent les colonnes d'un seul bloc, qu'ils remplacèrent par des pilastres, et supprimèrent les corniches pour y substituer les arceaux, heureuse idée qui leur donnait de l'espace en longueur et hauteur; ils purent dès lors, avec de petits matériaux, arriver au but qu'ils voulaient atteindre. Les Romains, dans leurs constructions, étaient obligés, pour se conformer aux règles de l'architecture, de placer les colonnes à des distances assez rapprochées, mais les Byzantins, par le moyen des arceaux, obtenaient une plus grande distance et pouvaient, par leur élargissement, supprimer des pilastres. Ils adoptèrent dans le plan de leurs églises la forme caractéristique d'une croix au milieu de laquelle s'élevait un dôme; quelquefois aussi l'édifice présentait à son extérieur la forme d'un carré parfait; mais la division intérieure présentait toujours la forme d'une croix surmontée d'un grand dôme au milieu et de plusieurs petites coupoles disséminées dans les quatre nefs. Ils établirent dans les nefs les tribunes, dont les unes étaient destinées aux hommes et les autres aux femmes. De toutes ces églises édifiées sous le règne de Constantin, beaucoup furent détruites par les incendies et d'autres tombèrent en ruines par leur vice de construction, de sorte qu'en 540 il n'en restait qu'une seule debout. Cette église, dédiée à sainte Sophie, fut non-seulement restaurée, mais encore presque complétement réédifiée. L'empereur Justinien la fit construire sur les plans des architectes Trulli et Isidore de Mileto, avec les plus précieux matériaux; les colonnes étaient en jaspe et en porphyre, et des mosaïques splendides ornaient les parois. Si l'on en croit l'historien Végèce, plus de cinq cents architectes furent employés à la -construction des églises de l'empire d'Orient.

Dans la réédification de ce grand nombre d'é-
glises dans toutes les villes de l'empire, les architectes abandonnèrent l'ornementation de l'architecture grecque, c'est-à-dire les colonnes, les
corniches, les chapiteaux doriques, ioniques et
corinthiens, ainsi que toutes les moulures, qu'ils
remplacèrent par des ornementations en mosaïque.
Ces mosaïques étaient de deux sortes, les vitreuses
et les marbrées. Les premières étaient de petits
morceaux de verres carrés, émaillés et quelquefois
dorés, elles étaient brillantes ou opaques ; par ces
différences, l'on obtenait une variété infinie et une
gradation de couleurs. Les secondes consistaient
en morceaux de marbre carrés plus grands de différentes couleurs, d'un coloris et d'un poli qui les faisait
ressembler à de l'émail. Avec ces mosaïques ils em-
bellissaient les murs des parois, les imitations de colonnes, les pilastres, le pavé, les autels ainsi que la
chaire, de sorte que tout était entièrement recouvert comme par une tapisserie. La composition et
les effets qu'ils produisaient étaient vagues, brillants, ingénieux, mais vulgaires, car l'art était réduit au mécanisme.

Les images étaient peu nombreuses, parce que les
prêtres grecs éprouvaient une certaine répugnance
à représenter des sujets sacrés, et surtout pour les
portraits du Rédempteur, de la Vierge et des saints ;
s'ils les toléraient, c'était à condition que les artistes,

dociles à leur conseil, ne les représenteraient que graphiquement, sans relief, de crainte de ramener l'idolâtrie. Ils tremblaient que les fidèles ne prissent la copie pour l'original.

Le grand voile, imité du temple des Hébreux, fut introduit par l'Église grecque afin que le peuple ne pût voir la consécration du pain et du vin. Ce voile, appelé iconostasi, était cependant couvert d'images sacrées. Les prêtres grecs, semblables aux prêtres égyptiens, furent les tyrans de l'art; ils proscrivirent les bas-reliefs, et voulurent ne regarder comme sacré et invariable que les types des premiers siècles de l'Église.

Les artistes n'étudiant jamais sur le vrai, ne produisaient que des types de figures triviales, rudes, boursouflées, avec les yeux entièrement ouverts qui donnaient à ces physionomies un aspect étrange, épouvantable; mais ils surent embellir de dorure les ornements, les costumes et les auréoles d'une manière très-habile.

Le style d'architecture byzantine n'eut pas de succès en Italie, et s'il trouva un asile à Ravenne, c'est que cette ville et quelques autres, situées sur l'Adriatique, étaient dépendantes de Constantinople. Heureusement trois motifs s'opposaient à son développement : 1° la rivalité qui existait entre les Églises latine et grecque ; 2° ensuite les architectes qui construisaient les églises bâtissaient aussi

les mosquées; 3⁰ enfin le goût italien était offus-
qué de ces ornementations arlequinesques mises en
parallèle avec les belles architectures et les magnifiques bas-reliefs dont était si riche l'Église latine;
si les artistes byzantins étaient tolérés par les latins,
ce n'était que dans l'exécution de quelques mosaïques et de pavés en marbre, exécutés avec de
grandes modifications de détail.

ARCHITECTURE ITALIENNE

IMPROPREMENT APPELÉE LOMBARDE

Le génie architectonique à l'époque carlovin-
gienne s'était réveillé en Italie et touche à son apogée à l'époque des croisades : la vue des édifices
bizarres d'Orient réchauffe les imaginations fantastiques ; les Italiens, qui à cette époque n'avaient fait
que reproduire l'église du Saint-Sépulcre, voulurent
enfin créer un style nouveau moins sévère, du roman et du grec [1], svelte, agréable, riche de détails
et plus en harmonie avec les besoins et les rites de
l'Église. Ils y parvinrent merveilleusement. A cette
époque les artistes lombards qui composaient les

[1] Moins lourd et moins matériel que le style roman de la décadence.

sociétés ou corporations maçonniques furent les premiers à créer ce style nouveau et le propagèrent bientôt en France, en Allemagne et en Angleterre. Ce style, dénommé lombard, devrait être appelé italien, parce qu'il fut à la même époque employé par des artistes étrangers à la Lombardie, mais cependant tous Italiens.

Les Pisans, avec leur mille galères, qui chassèrent les Sarrasins des îles de Sardaigne, de Corse, d'Elbe et aussi de la Sicile en 1063, voulurent, en mémoire de si grandes victoires remportées et de si riches butins enlevés, édifier à Pise la plus belle cathédrale de l'Europe. Ils confièrent l'exécution de cette œuvre gigantesque non à un architecte lombard, mais bien à un Pisan nommé Boschetto di Dulichio (il est à remarquer que beaucoup d'architectes pisans firent partie de la première croisade et se distinguèrent dans la fabrication des machines de guerre). A peine le dôme ou cathédrale de Pise fut-il terminé, que les Pisans virent la nécessité d'édifier un baptistère qui correspondît à la magnificence de la cathédrale, et en 1153 l'architecte pisan Diotisalvi le construisit avec autant de génie que Boschetto di Dulichio lui-même. Le campanile fut commencé presque à la même époque, c'est-à-dire peu après les travaux du baptistère [1], par un architecte pisan

---

[1] Les cloches du campanile sont au nombre de huit et les plus antiques sont : celle appelée *de la Justice*, transportée du tribunal en 1266,

aussi nommé Bonanno, aidé par un certain Guillaume d'Inspruck ; ainsi ces trois monuments, chefs-d'œuvre de style italien, ont été exécutés par trois architectes pisans. Il faut ajouter à ces trois noms un quatrième, non moins célèbre, appelé Giovanni de Pise, qui édifia le célèbre Campo Santo, que les Pisans avaient rempli de terre transportée de la Palestine.

Une erreur encore très-accréditée aujourd'hui faisait croire que les papes concédaient soit pour les croisades, soit pour la construction des églises ou autres motifs, l'absolution des péchés ; mais il faut ajouter que ce n'était qu' à la seule condition que les pécheurs seraient repentants, ainsi que le prouve l'ancienne inscription suivante du Campo Santo de Pise : *Si quis in isto campo sepultus fuerit et pœnitentiam egerit de commissis vitam æternam possidebit.*

« Tous ceux qui sont ensevelis dans ce cimetière ne posséderont la vie éternelle qu'après avoir fait pénitence de leur péché. »

Ce ne furent pas non plus les artistes lombards qui édifièrent le beau Saint-Miniato près Florence en 1013, ni le magnifique dôme d'Arezzo dans le IXe siècle, ni la superbe église collégiale de Santa Maria della Piazza à Ancône, ni près de Sienne l'église

---

fondue par ordre de Lotherino, elle pèse 4,000 livres pisannes ; et la *Pasquarecia,* fondue en 1174 par Lotherino fils, elle pèse 2,800 livres.

circulaire de la Vierge-des-Anges, ni la reconstruction de la chapelle du Saint-Sépulcre. L'on pourrait citer beaucoup d'autres exemples d'églises construites dans ce style non par des Lombards, mais par des artistes italiens qu'il serait trop long d'énumérer. Il suffira de dire encore qu'à l'imitation des loges maçonniques lombardes succédèrent les romaines et les pisanes, qui protégées par les papes leur accordaient de grands priviléges, entre autres des lettres de recommandation pour les princes, les évèques et les abbés. Dans ce temps-là ces lettres étaient un objet de vénération et on en tenait grand compte.

A l'époque de Charlemagne, grand nombre d'architectes italiens furent conduits en France pour y édifier des églises dont beaucoup existent encore; cependant à peine le goût italien fut-il répandu que les Français à leur tour instituèrent des corporations maçonniques qui embellirent la France et les pays voisins de riches monuments. Les missionnaires qui allaient en Germanie, ainsi qu'en Angleterre, emmenaient avec eux des architectes italiens qui faisaient partie des corporations maçonniques aux ordres du pape, afin qu'ils édifiassent des églises dans les nouveaux pays convertis. Un grand nombre d'églises de France, bâties dans le style italien par des artistes italiens et par des artistes français, méritent de fixer l'attention, tant par la beauté de leur forme que par leur solide construction ; il suffira d'en citer quelques-unes : la cathédrale d'Autun, d'un style bien caractéristique et encore intacte ; la cathédrale d'Avignon, l'église de Tournus, avec deux campaniles ; à Vienne, en Dauphiné, deux vieilles églises, avec deux campaniles ; à Dijon, Saint-Bénigne, construite en 1003, mais aujourd'hui détruite ; l'antique cathédrale de Valence ; à Aix, en Provence, la cathédrale et le cloître de Saint-Sauveur ; à Arles, l'antique et magnifique église de Saint-Trophime ; le baptistère, à Fréjus ; à Carcassonne, la cathédrale Saint-Nazaire, édifiée en 1096 ; dans la même année fut terminée la vaste et riche église de Toulouse ; près Angoulême, une église vraiment curieuse par sa construction, et dans cette même ville la magnifique cathédrale, si riche d'ornementation ; à Poitiers, la grande cathédrale, d'un style si pur ; à Bordeaux, l'église de Sainte-Croix, avec un très-beau portique achevé en 1013 ; au Puy, département de la Haute-Loire, la cathédrale ; à Étampes, le campanile, de style italien ; à Caen, l'église de Saint-Étienne, construite en 1064 ; à Lisieux, l'église de Saint-Pierre, édifiée en 1049, etc.

Les documents qui prouvent la fondation des églises en Angleterre à une époque plus reculée, portent toujours cette phrase : *more romano*, c'est-à-dire à la manière romaine, ou, pour mieux dire, de style italien, et les plus célèbres furent l'église d'York, dans le Northumberland, 627; dans la même province, la cathédrale d'Hexam, fondée par saint Wilfride, 674; l'église de Ripon, de Nagul-Stead; le monastère de Wermouth, 675; l'église de Ely, fondée par Etelrid, femme d'Egfred, roi de Northumberland, 675; l'abbaye de Romsey, vers la moitié du IXe siècle, et les cryptes de la cathédrale de Windchester, 980.

Nous avons déjà dit qu'à l'époque de Charlemagne, les associations maçonniques, favorisées par les papes, avaient pour associés dans leurs corporations, comme architectes ou comme juges, les moines, qui, à cette époque, furent les seuls gardiens et les seuls qui cultivèrent les sciences et les beaux-arts. L'architecture religieuse en décadence, lourde, matérielle et sans grâce, subit de grandes modifications et améliorations, soit du côté scientifique soit du côté mécanique. Elle gagna en beauté (nous ne citerons que la basilique de Saint-Ambroise, à Milan, agrandie par Ansperto, qui la dota du magnifique portique; ce digne archevêque fonda des hôpitaux et entoura Milan de murs), non-seulement par l'introduction des arceaux et des coupoles, mais encore par les grandioses divisions et subdivisions, par des galeries d'une élégante et légère ornementation, et par de grands et de petits arceaux accouplés par des faisceaux de petites colonnes, et par un nombre infini de petites fenêtres qui donnaient plus de clarté dans les monuments; outre cela, à cette époque on donna la préférence, dans le plan des églises, à la croix latine, pour la différer de la grecque, dont le bras principal est plus long que l'autre. Avec de telles modifications, les églises latines n'eurent plus aucune analogie avec les églises grecques, ni avec les mosquées, que les Byzantins construisaient sans scrupules sur les types de leur église; par ces diverses combinaisons architecturales, les types des églises catholiques ne ressemblèrent plus aux temples païens, ni aux basiliques, ni aux pagodes.

Il est facile de démontrer l'influence qu'eut le génie de l'art chrétien sur l'architecture, pendant cette période, et les grands progrès accomplis. Le moyen âge, calomnié par les écrivains et par les artistes, comme siècle d'ignorance, de barbarie et de sang, interrègne de la raison et des beaux-arts, fut loin de mériter ce blâme, surtout au point de vue de l'architecture; c'était au contraire une époque pleine de vie, d'activité et d'enthousiasme, l'époque des grandes entreprises et des grands monuments religieux. En effet, l'on ne peut s'imaginer la grande quantité de monuments sacrés et profanes que ces demi-barbares du moyen âge surent commencer et finir, et qui excitent encore aujourd'hui notre admiration.

ÉMAUX

Le génie de l'art chrétien s'est servi non-seulement de la mosaïque pour l'embellissement des églises, pour la perpétuation des représentations bibliques, mais encore de l'émail, des verres coloriés et de la miniature.

La manière d'émailler, ou pour mieux dire l'art d'étendre sur le verre les couleurs, qui par la cuisson s'y identifient et ne forment qu'un seul corps, était déjà connu des Persans et des Étrusques; mais les chrétiens s'en servirent pour les ornementations sacrées les plus riches, pour les croix, pour les anneaux et les bâtons pastoraux, pour les calices, les ostensoirs, les ornements et les vases sacrés; et ce qui en fit le plus grand mérite, c'était la représentation en effigie des bustes du Christ, de la Vierge, des saints, et la représentation des traits historiques de l'Ancien et du Nouveau Testament. Nous trouvons déjà l'usage des émaux mentionné dans l'ornementation des sépulcres des princes des apôtres, dans les ive et ve siècles, et dans le précieux candélabre d'or dont fit cadeau Bélisaire au tombeau des apôtres. Nous en trouvons aussi l'usage employé dans l'ornementation des vases sacrés, à l'époque de Charlemagne. Dans le commencement du xie siècle, l'on

signale les deux évangélistaires donnés par l'archevêque Aribert d'Antiniano, l'un à la cathédrale de
Milan et l'autre à celle de Monza, et le devant
d'autel de la basilique de Saint-Ambroise, à Milan,
tout en or, en argent, en émaux et en pierres précieuses. Plus tard, les Allemands et les Français devinrent célèbres dans la fabrication des émaux, et
surtout dans les pièces de plus grande dimension,
tels que les diptyques et les triptyques.

QUATRIÈME ÉPOQUE

DE DANTE JUSQU'A RAPHAËL

DU XIVᵉ AU XVIᵉ SIÈCLE

INTRODUCTION A LA PEINTURE

Avant de retracer l'histoire de la renaissance de l'art chrétien et des prodiges opérés par le génie du christianisme, il est indispensable de détruire deux graves erreurs commises par l'écrivain George Vasari, qui, dans son histoire des artistes italiens et surtout par esprit de municipalisme, attribue toute la gloire de la renaissance aux Toscans Cimabuë et Giotto, et fit briller les artistes florentins au détriment des autres écoles italiennes. Cette erreur a été, jusqu'à nos jours, généralement adoptée, quoique Félibien, écrivain distingué, ait le premier signalé combien Vasari était partial pour ses compatriotes. Il appartenait à M. F. Rio, le savant auteur

de l'ouvrage (*de l'Art chrétien*) récemment publié,
de combattre ces erreurs par des preuves très-lu-
mineuses; mais à son tour, il devient, lui aussi,
exclusif, parce qu'il attribue tout le mérite de la renaissance à l'école siennoise, tandis que cette gloire
a été partagée par les artistes des autres écoles d'Italie,
qui travaillaient tous à secouer le joug byzantin, et
à préparer la voie triomphale à Giotto, à Massaccio,
à Frate Angelico et à Raphaël. Combien de peintures
et de sculptures de cette époque ont été détruites par
le temps et par les hommes, et combien de noms d'artistes distingués sont restés ensevelis dans l'oubli!
Mais les documents qui existent encore suffisent pour
détruire ces deux préjugés.

Les croisés, qui revenaient de la conquête du
Saint-Sépulcre, et les Vénitiens qui à cette époque
s'étaient emparés de Constantinople, emmenèrent
avec eux des artistes byzantins; les premiers, pour
orner de mosaïques et de peintures leur pays natal;
les seconds, pour embellir de mosaïques l'église de
Saint-Marc, à peine construite. Les artistes italiens,
qui ressentaient encore cette lointaine influence de
l'école gréco-romaine, n'étaient pas opposés aux
Byzantins, aussi un grand nombre s'unirent-ils à
eux dans leurs travaux. Les jeunes artistes surtout,
séduits par l'appât du gain, entrèrent volontiers dans
les ateliers des Byzantins, où ils étaient bien accueil-
lis et où le travail ne manquait pas; mais la pré-

pondérance de cette école ne dura pas longtemps, parce que beaucoup d'artistes se déclarèrent ouvertement les ennemis de cette école fatale ; nous disons fatale, d'abord parce qu'elle fit perdre presque tous les avantages qu'avait gagnés le génie de l'art chrétien pendant onze siècles ; en second lieu, parce que les Byzantins réduisirent l'art au simple mécanisme. Ils bannirent toute imitation de la nature ; ils fermèrent l'intelligence à toute inspiration, et se limitèrent à ne reproduire que le côté matériel des compositions primitives, de sorte que leur peinture ressemblait à celle des Chinois ; mais ils ne purent corrompre entièrement le goût, parce qu'ils ne travaillèrent point dans toutes les villes d'Italie, et les élèves qu'ils employaient ne se montrèrent point disciplinables, vu le peu de succès, et le dégoût qu'ils éprouvaient à ne représenter que des types sévères, des regards féroces, des membres amaigris et des anatomies cadavéreuses ; ils s'appliquèrent au contraire à embellir les figures et les crucifix, que les Byzantins représentaient d'un type horrible ; aussi ne peignaient-ils que très-peu de sujets sacrés.

Les religieux eux-mêmes, pleins d'animosité contre l'Église grecque, furent bientôt dégoûtés des artistes byzantins, dont les œuvres ne pouvaient arriver à la supériorité qu'avaient eue les Latins ; du reste, le beau ascétique se retrouve dans les cloîtres fondés par saint Benoît, saint Bruno, saint Romuald et saint

Bernard; et c'est là, dans le silence de la retraite, que des moines s'adonnèrent à embellir leur *Corali* et leur *Missel*, d'abord de magnifiques initiales et de gracieux ornements en miniature, puis de bustes de saints, et de l'histoire de l'Ancien et du Nouveau Testament (représentés d'une manière si belle, si suave, où respire un parfum de dévotion et de sainteté), suivant leurs propres inspirations, et hors de toute influence des artistes byzantins. Parmi ces premiers miniaturistes conservateurs du feu sacré, brillent au premier rang Oderico, de Sienne, qui, vers 1213, finit d'embellir de belles miniatures et d'ornements entrelacés d'animaux le célèbre *Ordo officiorum Senensis Ecclesiæ*; Oderigi de Gubbio, nommé par Dante, dans le Purgatoire, chant XIe, et Giovanni Alighieri, Ferrarais, qui, outre beaucoup de miniatures sacrées, orna d'histoire le *Codice Virgiliano*.

La sculpture même ne ressentit pas trop l'influence byzantine, puisque Nicolas de Pise produisit dans le XIIIe siècle des œuvres dignes du XVe, et s'avança très-loin dans l'œuvre de la régénération; même un siècle avant, Benedetto Antelani, de Parme, avait fait un bas-relief représentant la crucifixion. Quant à la peinture, pour démontrer qu'il existait de bons peintres avant Giotto, nous commencerons par célébrer les deux frères Guido et Mino, et leur neveu Ugolino, qui fondèrent vers la fin du XIIe siècle la belle et sympathique école siennoise; ces trois artistes s'appliquèrent courageusement à se soustraire à l'influence de l'école byzantine, par l'amélioration des types. Cette école ne traite que des sujets sacrés, où le génie de l'art chrétien triomphe. La victoire remportée par les Siennois sur les Florentins à Monte Aperto, en 1260, contribua à rendre cette école uniquement religieuse. Ils attribuèrent cette victoire à l'intervention de la Vierge (Assomption), qui était aussi la patronne de la ville; depuis cette époque, les peintres siennois ne recevaient de commande que celle qui représentait ce sujet, soit pour tableau d'autel, pour gonfalons, ou pour les petits tableaux de dévotion; aussi ne firent-ils qu'améliorer cette composition représentant la divine expression de la Vierge et des anges qui lui forment une couronne, et à ses pieds des dévots ou des autres saints. Duccio di Boninsegna, qui florissait au temps de Cimabuë, représenta le couronnement de la Madone d'une manière qui peut soutenir le parallèle avec Giotto. A la vue des tableaux de l'école siennoise, l'on respire l'air du Paradis, rien ne sent le profane ni le terrestre, ce ne sont que des scènes de joies et de fêtes célestes; ces peintures réjouissent la vue et transportent l'âme dans des régions supérieures. En cela, nous sommes d'accord avec M. Rio, mais nous ne sommes pas de son avis lorsqu'il donne tout le mérite de la renaissance à cette école; malheureusement, nous n'avons pas eu le temps de visiter toute l'Italie, et par conséquent nous n'avons pu recueillir que peu de notices et de documents; mais cependant nous croyons avoir raison avec le peu de preuves que nous avons recueillies et qui sont irréfragables; et outre les ouvrages que nous avons déjà signalés dans le dernier chapitre, qui n'appartiennent ni à des Florentins ni à l'école ombrienne, nous citerons dans le baptistère de Parme, remarquable monument de l'art chrétien, des peintures nombreuses du xiiie siècle, d'un style qui se rapproche du grec, mais qui n'est ni sec ni anguleux; outre cela, les compositions sont neuves et assez louables, les figures bien drapées et les ornements en or d'une grande beauté. Modène cite Berlingeri de Lucca, bon peintre qui florissait en 1235; dans le dôme de Crémone l'on conserve plusieurs peintures du xiie siècle, admirées des amateurs soit pour leur originalité, soit pour leur composition, leur agencement, les costumes de l'époque et leur bon coloris. Ainsi l'histoire de la peinture conserve le nom de deux peintres distingués de Crémone, Simone et Polidoro Casella, qui travaillaient au temps de Cimabuë, et même Bologne vante Guido, Ventura et Ursone, peintres du xiie siècle, d'après le grand nombre de manuscrits que l'on conserve dans cette ville; et, laissant à part les peintres du xiie siècle, qui se trouvent à Naples, nous mentionnerons Tomaso de Stefani, protégé par Charles d'Anjou, et trouvé égal à Cimabuë ; Gelasio dei Nicolo peignit d'une manière remarquable à Ferrare en 1242. Dans le Frioul, on trouve des peintures à l'encaustique de cette époque, mais qui ressemblent plutôt à l'école allemande qu'à l'école byzantine qui dominait à Venise ; dans cette ville florissait un Giovanni, bon peintre; dans la ville de Bassano, un Martinelli.

PEINTURE

Pendant que les artistes italiens, impatients de secouer le joug des artistes byzantins, tentaient de frayer les voies qui devaient les conduire à la perfection, et pendant que Cimabuë, à Florence, cherchait à introduire dans les mesquines compositions grecques le grandiose de la vie, et en attendant qu'il ait pu former dans l'art son élève, jeune berger aux formes gracieuses, aux yeux vifs et étincelants, apparaît tout à coup à l'horizon, sans être précédé de l'aube ni de l'aurore, le soleil de la renaissance qui dissipe les ténèbres de l'ignorance et qui opère par enchantement la révolution si désirée.

Ce soleil prodigieux est Dante Alighieri! Par lui, la théologie, la philosophie et l'astronomie reçoivent une nouvelle vie; il crée une langue douce et robuste, apte à exprimer les sentiments et à dépeindre les choses. Ce génie pénètre dans les profonds abîmes et épouvante les méchants. Il révèle les peines atroces que souffrent les grands coupables dans la cité de l'éternelle douleur, puis, sur les ailes de l'imagination et de la fantaisie, va dans les prisons du purgatoire réjoui par un rayon d'espérance, et enfin, plus hardi que saint Paul, dépasse le troisième ciel, visite la céleste cité de Sion et peut en peindre la splendeur et en révéler les joies éternelles. La voix de l'Homère sacré tonne et réveille l'Europe endormie, par lui la poésie touche à son apogée.

La poésie, du haut de son trône, ne peut permettre que la peinture, sa sœur, gémisse dans la servitude, elle veut qu'elle prenne sa part de ses triomphes et de sa gloire, et afin de mieux montrer sa puissance et ses prodiges, elle se sert d'un simple berger, qui n'est autre que Giotto, élève de Cimabuë, pour relever l'art, lui donner une nouvelle et sainte destination et être le précurseur de Raphaël. Les corporations religieuses qui possédaient à cette époque de grandes richesses, désireuses d'immortaliser leurs saints fondateurs, offrent un vaste champ à Giotto pour cette heureuse innovation. Non content d'avoir embelli les poses et le regard des figures grecques, Giotto rendit la dignité au corps du Christ crucifié que les Byzantins avaient rabaissé jusqu'à en faire une repoussante étude d'anatomie; il améliora le coloris et fixa les règles de la composition, de l'expression esthétique dans laquelle les Siennois s'étaient déjà distingués. Giotto était devenu l'ami intime de Dante, il l'avait entendu chanter ses vers et il s'en était inspiré dans ses grandes compositions, telles que le Paradis, l'Enfer, le Jugement dernier, compositions où le génie de la peinture se confond avec celui de la poésie. Dans les légendes de saint Benoît, de saint François, saint Romuald et saint Bruno, son imagination trouvait dans la représentation des scènes pathétiques de vastes matériaux pour alimenter sa fantaisie et des figures allégoriques ingénieusement trouvées qui encadraient ses compositions. Au nombre de ses symboles allégoriques, l'on doit citer le pélican, qui représente d'une manière évidente et touchante le sacrement de l'eucharistie; on le retrouve dans plusieurs de ses compositions, et c'est depuis cette époque qu'on le plaça au sommet des croix et sur les portes des tabernacles.

Le poëme de Dante avait parcouru toute l'Europe et était lu et commenté avidement par tous; de même le talent de Giotto ne pouvait rester enfermé dans Florence. Il fut appelé à Pise pour peindre dans le *Campo Santo* les six histoires de Job: il travailla à Assise, à Rome, à Padoue, à Milan, à Rimini, à Ferrare, à Ravenne et à Naples, et jusqu'en France, à Avignon. Il eut la gloire que ses œuvres trouvèrent bientôt des artistes qui furent ses imitateurs et fondèrent quelques écoles qui marchèrent sur ses traces pendant un siècle entier. Parmi les élèves et imitateurs qui marchèrent dans la voie qu'il avait tracée en améliorant dans leur dessin les types, les draperies, et principalement les extrémités du corps humain, l'on doit citer Stefano, florentin, et son fils Tommaso; les Gaddo Gaddi, Jacob de Casentino, Stefano de Vérone, Cennino Cennini Antoine, vénitien, Francesco de Volterra, Spinello d'Arezzo; mais celui d'entre tous qui conduisit l'école giottesque à la perfection, en la soustrayant tout à fait à la fatale école byzantine, fut Orcagna, peintre, sculpteur et architecte, qui peignit dans le *Campo Santo* de Pise et à côté de l'œuvre de Giotto, le Jugement universel, l'Enfer et le Triomphe de la mort.

Pendant tout ce siècle, de Giotto à Orcagna, l'école siennoise, qui déjà se maintenait indépendante des peintres byzantins, fut jalouse de sa gloire municipale au point qu'elle ne voulut point se rapprocher du style giottesque; l'école siennoise maintint et favorisa le beau esthétique et religieux, et ne daigna jamais traiter des sujets profanes. Le thème favori des peintres siennois était, comme nous l'avons déjà dit, l'Assomption et le Couronnement de la Vierge, parce que l'Assomption était la patronne de Sienne ; chaque peintre chercha toujours pendant ces cent ans à améliorer cette composition, à l'enrichir d'anges et de saints, et à inventer de beaux types : dans ces tableaux tout est idéal et inspiré. Les noms des fondateurs de cette école esthétique sont conservés pour l'histoire de l'art. Guido de Sienne florissait en 1221 et Mino ou Minuccio travaillait en 1289. Ils eurent pour successeurs Simone, Ugolino, Segna et Duccio di Boninsegna ; après 1300, figure sur la scène de la peinture Simon Memmi[1], que Pétrarque vante beaucoup et ose placer au rang de Giotto pour avoir fait le portrait de la belle Laure. La gloire de l'école siennoise, pour l'esthétique comme pour le coloris, va grandissant jusqu'au milieu du xve siècle : outre le beau-frère de Simon Memmi, Lisipo, on distingue Ambrogio et Pietro Lorenzetti qui égale presque en mérite Frate Angelico, puis Dominico Bartoli et le grand Ansano, avec le glorieux cortége de Lorenzo di Pietro, Giovanni di Paolo avec Matteo, son fils, et Angelo Parrasio.

Le grand mouvement qu'imprimèrent les croisades à l'art chrétien ainsi que les libres institutions octroyées, le souffle vivifiant que lui communiqua

---

[1] Simon Memmi travailla dans le château des papes à Avignon ; il est le second fondateur de l'école française.

la Divine Comédie de Dante, la protection efficace qu'accordèrent aux arts d'abord les corporations religieuses, puis les princes, et en dernier lieu les papes, et la grande activité et le génie des chefs de l'école ombrienne et giottesque, furent les causes qui amenèrent l'art presque à sa perfection jusqu'à la fin du xv° siècle; dans ce siècle, le génie de l'art chrétien vit fleurir par milliers dans toute l'Italie des artistes de mérite, qui fondèrent des écoles toutes différentes les unes des autres sous le rapport technique, mais toutes tendant au même but. Ces apôtres de l'art chrétien conservèrent les types primitifs consacrés par la religion, sans cependant enchaîner leur imagination et leur génie, et purgèrent l'art de la rouille des siècles barbares, des superstitions et du matérialisme byzantin. On doit regarder cette époque comme l'époque la plus glorieuse, parce qu'elle fut le triomphe du mysticisme, ou l'extase de la peinture. Si les artistes descendaient de la haute sphère de l'idéalisme dans les basses régions du matérialisme, ce n'était que pour rechercher les justes proportions et les formes humaines afin de mieux exprimer les types qu'ils idéalisaient sans défauts matériels. En effet ils représentaient le beau céleste qu'ils voyaient dans leur extase et dans leurs visions : aussi cette peinture mystique doit-elle être considérée comme la forme la plus sublime de l'idéal. Cependant il faut observer que les images antiques exaltaient l'imagination des saints ; ces derniers échauffaient à leur tour celle des peintres par leur langage emphatique, et leurs visages sereins, angéliques, fournirent aux peintres beaucoup de types de têtes et des poses pour leurs tableaux. En effet, à cette époque, beaucoup d'hommes et de femmes revêtirent l'habit religieux vraiment par vocation ; ils montraient leur front sans rides, leurs pâles visages qui révélaient la paix intérieure et les consolations célestes qui accroissaient l'enthousiasme religieux et artistique.

A cette époque la canonisation d'un grand nombre de saints, parmi lesquels saint Bonaventure, saint Bernardin, sainte Catherine de Sienne, et saint Jean de Capistrano, ainsi que les nombreuses pestes qui à cette époque désolèrent l'Italie, influèrent beaucoup sur la multiplication de la propagation des images représentant l'annonciation de la Vierge et la dévotion envers saint Sébastien et saint Christophe que les Italiens regardaient comme des protecteurs contre ce terrible fléau. L'art chrétien dut son développement à l'effusion des idées et du goût dans toute l'Europe, à la gravure et plus tard à la méthode de peindre à l'huile. Seulement le terrible de Dante ne fut pas adopté par ces peintres d'un génie doux et suave ; ils préféraient plutôt traiter le Paradis que l'Enfer, parce que les martyres et les scènes atroces n'étaient pas de leur goût comme les peintres chrétiens primitifs, et s'ils les traitaient, ce n'était que d'une manière qui n'inspirait aucune horreur. Ils savaient détruire l'idée repoussante des supplices et ne représentaient la scène tragique qu'à son début et dans le moment le plus esthétique. Le précurseur de cette école est Ghiberti, mais le vrai initiateur est Masolino, son élève de Panicale (petite ville près Florence). Vasari le vante pour tel, mais d'autres écrivains sont injustes envers lui, parce que l'on ne connaissait alors que quelques fresques, entre autres un Saint-Pierre dans l'église del Carmine à Florence, et quelques histoires de saint Pierre dans la chapelle Brancacci, dans cette église ; et comme cette chapelle fut terminée par Masaccio, qui était son élève, tout le mérite du premier rejaillit sur le second, qui par ce fait fut regardé à tort comme le grand innovateur de l'école florentine.

La découverte d'un grand nombre de fresques exécutées par Masolino, à Castiglione près Varèse, en 1435[1], commence à rendre la justice qui est due au mérite éminent de ce génie de l'art chrétien. Ces superbes fresques étaient depuis plusieurs siècles entièrement recouvertes sous trois couches de chaux ; notre bon et savant ami l'abbé Malvezzi sut découvrir quelques têtes, puis gratuitement par

----

[1] C'est par oubli sans doute que M. Rio ne cite pas le nom de l'abbé Malvezzi, qui cependant les lui avait indiquées.

amour de l'art découvrit tous le reste et trouva gravé dans la chaux *Masolinus de Florentia, Pinxit, anno* MCCCCXXXV. Elles se composent de quinze médaillons peints représentant les fastes de la Vierge, et les traits principaux de la vie du proto-martyr saint Étienne, et de saint Laurent, auxquels l'église est dédiée. Parmi ces médaillons, l'on trouve le mariage de la Vierge. Si Raphaël n'a pas vu ces fresques, parce qu'il ne séjourna jamais en Lombardie, il ne serait pas impossible qu'il n'en eût possédé le dessin et s'en fût inspiré, parce que Masolino mourut à Rome en 1440. La date de ces fresques donne tort à beaucoup d'écrivains qui fixent sa mort en 1415, et donne raison à Vasari. Près de l'église l'on trouve le baptistère intérieur peint par Masolino; les peintures des voûtes représentent le Sauveur du monde avec les quatre Évangélistes, et sur les parois l'on voit les gestes de saint Jean-Baptiste; beaucoup de ces médaillons ont extrèmement souffert, mais le baptème du Christ qui est bien conservé est un véritable chef-d'œuvre. M. Rio, dans son ouvrage sur l'art chrétien, vante cette découverte, et donne les plus grands éloges à l'auteur de ces fresques [1], mais il fait erreur dans la date. Il confond l'année 1428, gravée sur la façade, qui est celle de la fonda-

---

[1] Si une semblable découverte eût été faite en France, le gouvernement se serait empressé de récompenser et d'honorer l'abbé Malvezzi, mais il parait qu'en Italie les ministres ne se complaisent pas toujours

tion de l'église, avec l'année 1435 qui est celle où furent exécutées les peintures, et qui sont gravées en toutes lettres *in corno evangelii.*

Masaccio tient le second rang dans la seconde époque de la renaissance; les écrivains et les artistes

à récompenser le mérite ; ce qui confirme notre dire, c'est que l'abbé Malvezzi n'a eu pour toute consolation que la lettre suivante :

« Molto illustre e reverendo signore,

» Le pitture del celebre Masolino, che giacevano nascoste sotto l'imbiancatura, e che ornavano le pareti del coro di questa chiesa archipretale, mediante gli accurati lavori di V. S. Reverendissima gratuitamente prestati, comparvero alla luce e gl'intelligenti nell'arte pittorica applaudono al di lei zelo per la scoperta di un tesoro che era sconosciuto. Io pertanto, mosso dai tratti della di lei cordialità, ne porgo alla S. V. i più fervidi ringraziamenti anche a nome di questa fabbriceria. Colgo con vero piacere quest'incontro per salutarla distintamente, e per dichiararmi colla più sentita stima e considerazione,

» Di V. S. molto illustre et reverendo,

» Devotissimo ed obligatissimo servo,

» BERNARDINO CASTIGLIONE, arciprete.

» Castiglione, 25 aprile 1843. »

Outre cela, l'abbé Malvezzi fit, en 1862, une autre importante découverte, celle d'enlever le nitre qui envahit les fresques, et de faire revivre les couleurs. L'expérience de cette belle invention fut faite en grand devant le corps académique de Milan, sur de nombreuses peintures à fresque de Lomazzo, dans l'église de Saint-Marc; la réussite la plus complète eut lieu, et l'abbé Malvezzi reçut pour récompense une attestation du corps académique ainsi qu'un concert de louanges, mais rien de plus.

ont été justes de reconnaître en lui ses mérites éminents. Outre l'achèvement des peintures de la chapelle Brancacci, il peignit à Rome, dans la chapelle de Saint-Clément, la vie de sainte Catherine d'Alexandrie, une très-belle Crucifixion et les quatre Évangélistes. La beauté des types, le mouvement des têtes, la noblesse de l'expression, les raccourcis bien réussis, et les belles draperies, sont les qualités principales de ce précurseur de Raphaël. L'on sait que ce dernier s'inspirait devant les œuvres de cet artiste, et tous les autres peintres et écrivains qui vinrent après lui, Vasari, Mengs, en firent les plus grands éloges, et même notre célèbre et regretté Paul Delaroche le mettait au-dessus de Raphaël, même pour la simplicité et la sainteté de l'expression. Le trio fortuné qui opéra la renaissance s'accomplit avec Giovanni da Fiesole, dit Beato Angelico; ses peintures sont inspirées et rayonnantes, ses personnages sont tirés du ciel et non de la terre; les œuvres qui restent de lui attestent leur valeur artistique, elles parlent suavement à l'âme et la transportent dans les plus belles régions. Masolino et Masaccio étaient plus savants dans le dessin, dans les raccourcis, et plus capables à exprimer le grandiose et la richesse des fonds; mais Beato Angelico n'a pas été surpassé par eux dans l'expression vraiment angélique et dans la vie qu'il savait donner à ses peintures et miniatures, dans

la sainteté de la composition et dans l'extrême soin
qu'il mettait jusque dans les plus minutieux accessoires. Dans la galerie de l'Académie et dans grand
nombre d'églises de Florence, l'on voit encore des
peintures de ce peintre extraordinaire.

Après les artistes que nous venons de nommer
viennent d'autres grands artistes, soit de Florence,
soit de beaucoup d'autres villes d'Italie, qui firent
progresser l'art vers la perfection et qui soutinrent
le sentiment religieux, malgré les cours perdues dans
les vices qui cherchaient à le détruire par la propagation du goût de la littérature païenne et la prédilection des sujets mythologiques. La Providence suscita
à Florence le moine Savonarola, qui porta le zèle
religieux jusqu'au fanatisme, et dont l'éloquence était
aussi grande que la franchise de son âme. Ses pré-
dications étaient si animées, ses paroles si senties
et son inspiration si belle, qu'il ressemblait à un
prophète. Il opéra à lui seul de si utiles réformes
qu'on peut appeler prodigieuses, il tonna contre la
dépravation des costumes et des littératures classiques païennes, et contre les peintres qui s'adon-
neraient à traiter des sujets non-seulement profanes,
mais encore licencieux; par ses sermons, il mit dans
les cœurs la moralité, la religion, et engagea beaucoup d'artistes à être fidèles aux traditions du feu
religieux. Dans ce nombre, nous citerons Sandro

Botticelli, Lorenzo di Credi, Bacio della Porta dit Fra Bartolomeo, et Perugino.

Savonarola fut victime de son saint zèle : il fut l'apôtre du génie de l'art chrétien. Sa considération était si grande qu'il obtint des peintres, des graveurs et des sculpteurs, de faire brûler en place publique toutes leurs compositions profanes. Les quatre artistes que nous avons déjà nommés, amis fanatiques de Savonarola, avançaient dans le progrès et surpassèrent Masaccio, Masolino et Frate Angelico, et à ceux-ci s'adjoignirent Raffaelino del Garbo, Filippino Lippi, Ghirlandayo et Luca Signorelli.

Arrivé sur le seuil de la perfection et avant d'entrer dans le siècle d'or, nous devons retourner en arrière de quelques pas pour admirer d'autres artistes de grand mérite qui florissaient dans d'autres contrées de l'Italie, parmi lesquels nous citerons Gentile da Fabriano, un des champions de l'école ombrienne, qui fit école à Venise, et de laquelle sortit le grand Jean Bellin, le Pérugin de l'école vénitienne; Vittore Carpaccio, artiste de mérite qui tenta de sortir de la sécheresse de l'école antique, et dont les idées, comprises par Andrea Mantegna, son jeune élève, firent en peu de temps de ce dernier le peintre et l'architecte le plus savant de son époque; c'est à lui à qui l'on doit l'invention de la gravure au burin. Après s'être établi à Mantoue, il ouvrit une école sous les auspices du duc Ludovico Gonzague, et y créa ses chefs-d'œuvre : Venise, Padoue, Rome et Fiesole possèdent de ses admirables peintures. Le Louvre possède un de ses tableaux qui fixe l'attention des connaisseurs et qui montre jusqu'à quel degré s'élevait son génie. Dans la Vénétie, l'on doit citer encore le grand Cima de Conigliano, et avant lui la famille Vivarini; à Bergame, Gerolomo, Santa Croce, et le suave Previtale; à Crema, le Civerchio; à Crémone, Boccacio Boccacino, et dans le Frioul le Palmizzano. En première ligne de l'académie de Milan, fondée par le duc Francesco Sforza, l'on cite le Foppa Bresciano, qui fut bientôt surpassé par ses élèves Bramante de Milan, Bramantino, Ambrogio de Fossano dit le Borgognone, Buttinone, Zenale, Scotto, Andrea de Milan, Martino et Bernardino Piazza, qui sans doute, après avoir vu Perugino à Crémone, imitèrent tellement sa manière qu'ils produisirent des œuvres qui approchent celles de Raphaël. Le Piémont, qui ne resta pas en arrière, vante Giovenonne, les Boxillo, le suave Macrino d'Albe; Naples, le Zingaro; Messine, Antonello. Le frère de Ghirlandayo ouvrit une école en France qui produisit de bons élèves. Dans la Flandre et dans la Germanie même, la renaissance fit des progrès. L'on cite Van Eyk de Bruges, l'inventeur de la peinture à l'huile et ami du roi René; Quentin Metzis, etc., etc.

SCULPTURE.

Nous avons déjà mentionné comme architectes de grand mérite Nicolo Pisano et son frère Giovanni; cependant ces deux grands artistes se distinguèrent comme grands sculpteurs dans les œuvres des portes du cimetière de Pise et dans le baptistère. Le premier sortit de son pays, et exécuta à Bologne la grande déposition de saint Dominique, œuvre merveilleuse pour la richesse et la finesse de sculpture. Il exécuta aussi une belle *Descente de croix* pour la façade du dôme de Lucques. A ces deux grands innovateurs de la sculpture, plaçons un peu en arrière Nicolo d'Arezzo, grand artiste aussi, qui ne persévéra pas, mais plutôt Andrea Pisani qui donna un grand développement à l'art, et qui, sur le dessin de Giotto, exécuta en bronze la porte de milieu du baptistère de Florence, et un superbe tabernacle pour San Giovanni, mais sa plus grande gloire est d'avoir porté à Florence les premiers précieux germes de la renaissance, et d'avoir formé une troupe choisie de sculpteurs de premier ordre. Le génie de l'art chrétien se complaît de la création des admirables portes du baptistère de San Giovanni à Florence, portes dignes d'être celles du paradis, et se réjouit de voir l'art allié à la vertu.

Les concurrents pour l'édification du monument du grand vœu des Florentins pour la cessation de la peste en 1401 étaient au nombre de sept, tous sculpteurs de grand mérite. Les trente-quatre artistes juges examinateurs décidèrent que les meilleurs dessins étaient ceux de Donatello, de Brunelleschi et de Ghiberti, jeune artiste de vingt et un ans. Les deux artistes plus âgés, au lieu d'être excités par l'envie et la jalousie, laissèrent généreusement le champ libre au plus jeune, à qui ils reconnaissaient assez de puissance et de génie pour bien conduire et terminer l'œuvre, et ils ne se sont point trompés. La première porte achevée dans vingt ans montre et atteste le génie extraordinaire de Ghiberti; les Florentins furent si satisfaits qu'ils lui commandèrent une seconde porte plus riche, et Ghiberti, faisant de nouvelles études plus profondes sur l'antique, se perfectionnant dans la composition et le dessin, et s'inspirant de la bible et des meilleurs poëtes, correspondit par son œuvre à l'attente publique. Il fit aussi beaucoup d'autres œuvres, entre autres deux statues de saint Mathieu et un saint Michel, deux bas-reliefs pour le baptistère de Sienne, un monument à saint Zanobi et beaucoup de très-riches et magnifiques tombeaux.

Avant Ghiberti florissait Orcagna, sculpteur, qui, amant passionné de Dante, et très-savant lui-même, produisit des œuvres nobles et grandes. L'on admire de lui un tabernacle dans l'église Orsan Michele. Orcagna est le premier sculpteur, parmi les Florentins, qui sut exprimer sur le marbre et sur le bronze les propres pensées, quoique les formes ne fussent en tout point parfaites. Brunelleschi, quoique très-bon sculpteur aussi, fit très-peu, parce qu'il se dédia après la première jeunesse presque exclusivement à l'architecture; il fut le bon et le constant ami de Donatello à qui il apprit la noblesse de l'expression, la seule chose qui lui manquait, et qui le fit devenir le premier puriste de l'époque, correct dans le dessin, scrupuleux de la ligne et plein de sentiment et d'âme; il se distingua dans les bas-reliefs à traiter très-souvent l'émouvante scène de la déposition et la Madeleine repentante, outre beaucoup d'autres statues et de monuments sépulcraux. Deux autres élèves de grand mérite furent Desiderio da Settignano, très-habile surtout dans l'ornementation, et son élève Mino de Fiesole, le Frate Angelico de la sculpture.

L'école ombrienne ne resta pas en arrière de celle de Florence : il suffira de mentionner Lorenzo Vecchietta, un des concurrents aux portes de Florence, et l'auteur du fameux tabernacle en bronze représentant la Résurrection dans le dôme de Sienne, et plusieurs autres statues en bronze dignes de Ghiberti ; et Jacopo della Quercia, autre concurrent aux portes de bronze ; il fit pour Bologne la porte principale de San Petronio, et grand nombre de statues admirables et de sépulcres pour Bologne et Florence. Puis l'on vit fleurir Luca della Robbia, excellent sculpteur et décorateur, qui, afin de mieux multiplier ses créations, les fit en terre cuite et avec les moules. Ses qualités spéciales sont la grâce et la composition tout à fait raphaëlesques. Le dôme de Florence, presque toutes les églises et les couvents possèdent les œuvres de cet artiste sympathique, ainsi que de ses fils et de son neveu Andrea, qui était aussi grand artiste que lui. Cette école est la fleur de l'ascétique et de l'inspiration purement religieuse ; elle fut principalement privilégiée par les dominicains et les franciscains qui lui accordaient de grandes protections et la guidaient de leurs savants conseils.

En 1339, Giovanni de Balducci, de Pise, sculpta la belle tombe pour saint Pierre, martyr, dans l'église de San Eustorgio à Milan ; mais à cette époque, et dans cette ville, existaient déjà de très-bons sculpteurs dont on ignore les noms, témoins les bas-reliefs représentant Oldrado à cheval sur la place des Marchands, des bas-reliefs sacrés sur les portes de la ville, et le monument élevé au Beato Settala, que l'on voit dans l'église Saint-Marc. Un siècle après vint à Milan un protégé des Médicis, architecte et sculpteur, appelé Michelozzo, pour embellir un de leurs palais, mais les sculpteurs milanais avaient déjà orné de belles statues leur cathédrale et la Chartreuse de Pavie, ils avaient érigé la magnifique tombe de saint Augustin dans Pavie, et avaient aussi élevé beaucoup de tombeaux magnifiques pour les Visconti, dont on n'a conservé que le mausolée de Bernabo, et un autre dans le palais Trivulzio ; les autres furent détruits par Saint-Charles. Un certain Perrino de Grassi fit la porte de la sacristie méridionale du dôme de Milan, ornée de beaux bas-reliefs de sujets sacrés. Giovanni da Tradate exécuta la statue de Martin V, qui consacra le dôme, et un certain Bonino da Campione fut appelé à Vérone pour ériger le curieux et riche sépulcre à Cane della Scale. Giovanni Antonio Amedeo, architecte et sculpteur habile, qui peut être comparé aux Florentins de son époque ; il florissait à Pavie vers 1450 ; l'on admire de lui beaucoup de magnifiques décorations dans le cloître de la Chartreuse et la somptueuse chapelle Colleoni à Bergame qui peut aller de pair par sa beauté avec l'urne des saintes Marie et Marthe à Crémone. Nous terminerons ce paragraphe par l'énumération des nombreux sculpteurs lombards célèbres qui travaillèrent soit au dôme de Milan, soit à la Chartreuse de Pavie, Gian Giacono de la Porta, Benedetto Bianchi, Silvestro de Carate, Giacomino de Tradate, Donigi Bussola, Carlo Simonetta

Volpino, Alberto de Carrare, Bernardino de Novi, les frères Mantegazza, etc., etc.

ARCHITECTURE

ÉGLISES DE STYLE GOTHIQUE

L'on croit généralement que le style gothique ne consiste que dans l'introduction des monuments de l'arceau ogival; mais cela seul ne constitue qu'une partie de ce style. Du reste, pour le prouver, l'on n'a qu'à interroger les fondements des grands monuments antiques grecs et romains, où on le retrouve. Le style byzantin l'avait déjà adopté dans quelques églises, et aussi dans les baptistères et les campaniles du style italien des xe et xie siècles, et principalement à Pise. Cet arceau ogival était déjà connu par les livres des maçons italiens que les missionnaires eurent le soin de faire connaître dans la Germanie, précisément là où il fut trouvé indispensable de construire les édifices sacrés très-élevés et les toits à pignons, afin que la neige puisse tomber avec facilité [1]. L'arceau ogival se prêtait admirablement

---

[1] Par des gargouilles, l'ornementation de ces conduits ressemblerait en tous points aux ornementations fantastiques employées dans les mo-

à ce genre de construction, mais ces constructions hardies, jetées sur des pilastres ou faisceaux de longues colonnettes, avaient besoin d'un appui et d'un enchaînement pour atténuer la poussée des voûtes; ce fut alors que l'on jugea à propos de remplacer les contre-forts matériels par des arcs-boutants qui partaient de la poussée de la grande voûte, et venaient en s'inclinant reposer sur les pilastres latéraux. Sur chaque pilier où aboutissaient les contre-forts, s'élevaient des aiguilles qui opposaient par leur poids plus de force résistante et qui donnaient aussi aux monuments un aspect grandiose. Par ce moyen de construction la coupole n'était plus nécessaire, parce que le monument était éclairé par de très-hautes fenêtres, ce qui n'existait pas auparavant dans les constructions de style italien. Le campanile fut uni au monument et placé tantôt au centre sur la façade, tantôt aux deux côtés latéraux, et dans les églises plus riches aux quatre angles principaux de l'édifice. Cette innombrable quantité d'arceaux grands et petits de l'intérieur de l'édifice, ces cordons de nervures courant sur les voûtes, la multiplicité des nefs, le grand nombre de statues posées sur de riches piédestaux, et sous de magnifiques baldaquins; ces nombreuses fenêtres feston-

numents des premiers siècles de l'Église, dans l'intention d'éloigner les esprits malins. Il existe même dans certaines églises gothiques des sculptures représentant des accouplements monstrueux.

nées de bizarres et ingénieux ornements, et la
grande rose sur le milieu de la façade, formaient
un ensemble neuf et magique en même temps. Ce
genre de construction, de si grand aspect à l'extérieur avait l'avantage de produire à l'intérieur
l'effet que le génie de l'art chrétien s'était proposé.
En premier lieu, les églises devinrent imposantes
par leur hauteur et leur étendue ; en deuxième lieu,
la lumière qui entrait transversalement par les fenêtres, ou pour mieux dire pénétrait à travers les
dentelles de pierres, qui formaient les riches ornementations de fenêtres closes de vitraux coloriés,
donnait un jour composé de mille lueurs mysté-
rieuses qui impressionnait l'âme et la conviait à la
dévotion. Enfin, si la ressemblance entre les temples
païens et les mosquées était disparue dans le style
italien, il n'en resta plus de traces dans les églises
gothiques, qui conservèrent la croix latine et dont le
plan n'était pourtant pas aussi simple, mais très-
accidenté et tout à fait caractérisque.

De tous les documents il résulte que le gothique
complet apparaît en premier lieu en Allemagne, et
que dès les xᵉ et xiᵉ siècles on construisit des églises
de ce style ; mais l'histoire dit aussi qu'à l'époque
de Charlemagne, les missionnaires qui allaient
convertir les Saxons et les autres peuples allemands, n'étaient pas capables de construire des
églises, parce qu'ils ignoraient les règles d'archi-

tecture ; ils avaient emmené avec eux des architectes italiens qui naturellement fondèrent des écoles, et lorsque les Allemands se virent capables d'exécuter seuls, ils firent la guerre aux loges lombardes et italiennes, afin de se soustraire à l'influence papale au point de vue des arts, et détruisirent leurs monopoles en fondant des sociétés maçonniques nationales que les princes trouvèrent convenable et politique de protéger efficacement. Ainsi le style gothique fut imité par les architectes italiens et perfectionné par les Allemands. Ce qui le prouve, c'est que les Italiens furent lents à l'adopter, premièrement parce que les églises édifiées de ce style leur paraissaient peu solides, d'autant plus que beaucoup de celles qu'ils avaient bâties s'écroulèrent, et pour beaucoup d'autres l'on fut obligé de suspendre les travaux ; en second lieu, parce que les Italiens n'approuvaient pas ces grands toits qui écrasaient la beauté de l'édifice et qui brisaient la ligne horizontale qui était dans le goût des Italiens, ni la diminution des saillies. des corniches et de l'ornementation extérieure, ni le sacrifice de la sculpture à l'architecture, ni la nécessité pour les sculpteurs de ne faire que des statues longues et étroites, comme les niches qui paraissaient faites de gomme élastique, et l'on serait tenté de croire que c'est par mépris que plus tard les artistes italiens appelèrent ce style-là style gothique, c'est-à-dire barbare. Les Allemands, dans leur excès de patriotisme, substituèrent même aux lettres romaines un nouvel alphabet de forme étrange, qui s'appelait gothique.

A peine quelques églises de style gothique furent-elles édifiées en Germanie, qu'elles furent trouvées convenables, grâce à leur structure qui s'adaptait à leur climat par les raisons que nous avons annoncées, frappèrent les masses, et plurent immensément par leur ornementation bizarre. Toutes les villes d'Allemagne voulurent leur cathédrale dans ce style, d'autant plus que tous les architectes étaient presque tous allemands. Outre l'émulation des municipalités à propager et à améliorer ce style, influèrent aussi les corporations religieuses extrêmement riches, la rivalité de montrer la plus magnifique abbaye, et enfin les donations faites par ceux qui n'avaient pu aller aux croisades et qui obtinrent l'absolution des péchés, et même des croisés, qui retournaient dans leur patrie, avaient fait le vœu de faire construire des églises ou des chapelles. En présence de cette vogue et de tant de circonstances favorables, et de telles innovations si rapidement adoptées, beaucoup d'artistes italiens ne restèrent point fidèles à leur primitive institution; ils se plièrent à la mode, et même les loges maçonniques, par amour de la nouveauté et afin d'avoir des travaux, adoptèrent en grande partie le style pur gothique, qui fit fortune en Lombardie, mais bien peu dans les provinces au delà du Pô. En effet, l'on n'y compte pas même une seule église gothique, à part quelques tabernacles construits dans ce style, et encore par les ordres de papes non nationaux. À Florence l'on eut toujours la sympathie pour le style italien, cependant le style gothique y laissa à peine quelques traces, tels que le gothique à Orsan Michele, dans le baptistère de Santa Maria del Fiore et dans l'ornementation des corniches pour les peintures; quelques réminiscences se trouvent aussi dans les dômes de Sienne, d'Orvietto et de Padoue, dans Saint-François de Rimini, et dans Sainte-Marie en Acumine; à Sienne, le baptistère et le dôme, et peu d'autres encore, comme les fenêtres dans le cimetière de Pise.

Le seul vrai monument gothique qui fut érigé en Italie fut le dôme de Milan qui resta, pendant deux siècles, la plus belle église du monde. Il ne serait pas étonnant que le premier plan de cet édifice fût fourni par un architecte allemand; mais il résulte de plusieurs historiens milanais que le duc Jean Galeazzo Visconti, en 1385, jeta les fondements de ce temple, mais, qu'une année après, ne le trouvant pas assez vaste, et jugeant qu'il ne correspondait ni à ses vues ni à la magnificence que la population désirait, il fit détruire ce qui était commencé, et, le 25 mars 1386, il posa la première pierre de la cathédrale actuelle.

Marco de Campione[1] fut l'architecte en chef choisi par le duc pour l'édification du dôme, et il est plus que probable que ce fut lui qui traça le nouveau plan, assisté du duc même, qui était aussi bon architecte. Il résulte de documents authentiques que le plan n'était pas complet, parce que la sacristie méridionale fut construite d'après le dessin d'un architecte de Fribourg, sur la réduction qu'en firent les architectes Giacomo de Campione et Porrino de Grassi, et même les grandes fenêtres ogivales[2] du chœur furent inventées postérieurement par d'autres architectes lombards. Gamodia Henrico, allemand, n'est pas l'architecte de cette magnifique cathédrale; des actes de la fabrique prouvent qu'il fut appelé seulement à inspecter et diriger la fabrique en 1389; beaucoup d'autres fameux architectes nationaux et étrangers, parmi lesquels on cite Nicolas Bonaventure de Paris, Bernardo de Venise, et Pietro de Crémone, furent appelés en consultation par les députés de la fabrique; on doit savoir aussi que la Chartreuse édifiée près Pavie, et qui coûta des sommes fabuleuses, fut, ainsi que la cathédrale, une imitation de l'antique abbaye

---

[1] Campione, petit pays sur les rives du lac de Lugano, fut une vraie pépinière d'artistes qui se distinguèrent pendant plusieurs siècles.

[2] Dans la riche collection des dessins de la collection Vallardi de Milan, vendue à Paris, se trouvait le dessin d'une magnifique fenêtre ogivale de Léonard de Vinci ; ce dessin a été acquis par le gouvernement français.

de Chiaravalle qui existe encore à une lieue de
Milan, fondée par saint Bernard en l'année 1135
et terminée environ cinquante années après. C'est
l'église la plus curieuse, la plus régulière et la plus
belle de cette époque, que l'on puisse voir dans le
monde. Elle a trois nefs et une coupole soutenue
par huit piliers qui, allant en se rétrécissant extérieurement, forment le campanile qui a la forme
d'une pyramide octogone, ornée de beaux arceaux.
et le tout bâti en briques. C'est dans ce couvent de
Chiaravalle, et non en Germanie, qu'il faut trouver
l'idée primitive des deux magnifiques monuments
que nous venons de nommer. Avant la cathédrale de
Milan, d'autres églises avaient été construites en
style partie gothique et partie italien, que les Lombards savaient embellir d'ornements en terre cuite,
finement travaillée[1]. Telles sont, à Milan, les églises
de Saint-Eustorgio et de Saint-Marc, de Saint-Sim-
plicien et de Brera, et la chapelle ducale dénommée
Santo Gothardo ; car de cette époque le mélange
de ces deux styles, ou réforme de gothique, commença d'être dénommé gothico-lombard. Telles
sont, en style gothico-lombard, près de Rivoli, en

[1] Les Lombards commencèrent les premiers à bâtir leurs églises
simples avec des briques ou moellons, puis embellirent par des ornements l'intérieur ; ils formèrent ainsi les cordons, les tores, les zigzags,
les corniches, les bustes et l'ornementation des fenêtres et des portes
tout en terre cuite.

Piémont, l'église de Saint-Antoine-de-Renversa, très-belle, et même l'église de Vercelli; à Pavie, Saint-François, en moellons de diverses couleurs; la cathédrale de Bergame, et autres églises, outre le caractéristique et superbe baptistère récemment reconstruit, œuvre de Giovani Campilione ou de Campione (année 1340); la cathédrale de Lodi; à Vérone, une partie de la cathédrale et l'église Saint-Athanase; à Padoue, l'église de Saint-Antoine; à Venise, l'église de Saint-Jean-et-Saint-Paul, et Santa Maria Gloriosa, édifiée par Nicolo de Pise, Santa Maria dell' Orto et San Stefano; les dômes de Ferrare et de Plaisance; à Bologne, San Petronio, et Saint-François, édifiée en 1245 par Nicolo de Brescia; une à Ferrare; à Rimini, San Francesco, aujourd'hui détruite; la petite mais belle église de Santa Maria in Acumine; une à Pesare, à Fano, à Ancône; une partie de la cathédrale de Florence; les baptistères de Pistoja et de Sienne, et le dôme; l'église de Saint-François-d'Assise, et quelques autres.

Après avoir énuméré les églises d'Italie, nous allons parler brièvement des prodiges enfantés par le style gothique en Allemagne. A Cologne, l'église des Apôtres, magnifique monument, riche de trois absides, de beaux campaniles et d'admirables ornementations; l'église de Saint-Gerione et autres, fondées par saint Bruno et restaurées ou refaites

plus tard dans un style tout gothique ; les magnifiques cathédrales de Spire, de Zurich, de Worms,
de Mayence, de Strasbourg, de Coblentz, d'Aix-la-
Chapelle, de Gelnhausen, de Ingelheim, de Fribourg, de Ratisbonne, de Vienne, etc.

Avec la même rapidité que le style gothique se
répandit en Germanie, il se propagea en France, où
les églises de ce style ne sont pas inférieures à celles
de la Germanie, et il suffira de citer la façade de
Saint-Denis, Notre-Dame de Paris, la Sainte-Chapelle,
les cathédrales de Chartres, de Metz, de Cambrai, la
Sainte-Chapelle à Dijon, aujourd'hui détruite, les cathédrales d'Orléans, de Soissons, d'Amiens, de Reims,
de Bordeaux, de Bourges, de Tours, de Lisieux, de
Saint-Omer, de Sens, etc., etc. La France, à cette époque, ne manquait pas d'excellents architectes ; on
sait 1° que la Sainte-Chapelle, de Paris, fut édifiée,
par ordre de Louis XI, sur les plans de l'architecte
Eudes de Montreuil ; 2° que l'architecte Nicolas
Bonaventure était en si grande réputation en Europe, qu'il fut appelé de Paris pour être consulté
dans la continuation des travaux du dôme de
Milan ; 3° que Notre-Dame de Paris eut pour architecte Jean de Chelles, et la Sainte-Chapelle
Pierre Montereau ; 4° que Pierre de Bonneuil édifia
plusieurs églises en Suisse ; 5° que les Normands
transportèrent ce style en Sicile, et bâtirent la
cathédrale de Messine en 1177, par les ordres de

Guillaume II, dit le Bon, la mère église de Palerme, en 1177, à Montreale, l'église de Saint-Martin; 6° qu'un Français, Guillaume de Sens, édifia plusieurs églises en Angleterre, vers l'année 1174, et principalement une à Cantorbéry.

Quant au style gothique, l'on doit dire que, si les Allemands se distinguèrent à créer de vastes édifices d'une belle ordonnance et distribution, l'on doit dire aussi que les Français les surpassèrent dans l'ornementation. Les églises allemandes sont toutes nues, comparées aux églises françaises avec leurs riches façades, leurs superbes campaniles, leurs belles roses, leurs fenêtres ogivales, les statues et les bas-reliefs exécutés avec un goût et des sentiments religieux. Quelle profanation commirent ces hommes ou, pour mieux dire, ces vandales, pendant la révolution française, lorsqu'ils détruisirent ou mutilèrent les façades, les ornements et les statues des édifices religieux, entre autres celles de Notre-Dame de Paris !

De la Germanie et de la France passons bien vite dans les Flandres, puis en Angleterre. Le goût du style gothique montre la vaste cathédrale de Harlem, celles d'Utrecht, d'Anvers, de Malines, de Bruxelles, de Louvain, de Cambrai, la chapelle du Sang-du-Christ, à Bruges, etc.

L'Angleterre peut vanter l'église de Cantorbéry, celle de Saint-Paul de Londres, les chapelles d'Henri VII, à Westminster, et de Saint-Georges, à Windsor, la chapelle du collége de Cambridge, édifiée sur les plans de l'allemand Klaus, sous le règne d'Henri VI, etc., etc. Cependant les églises d'Angleterre sont peu ornées.

Enfin l'Espagne, qui fut pendant plusieurs siècles sous la domination des Maures, suivit le goût bizarre et gai du style mauresque; mais cependant elle ne resta pas étrangère au style gothique et elle édifia plusieurs édifices d'un style-très-varié, principalement l'église de Palma, etc., etc.

Une loi commune règle toutes les choses de ce monde : chacune d'elles naît, croît, prospère, puis décline et meurt, et le plus promptement qu'une chose se développe et brille, avec la même rapidité elle touche à l'époque de sa décadence; ainsi advint-il pour le style gothique, qui, en quelques années, fut en vogue, se propagea avec la rapidité de l'éclair en Allemagne, en Italie, en France, en Belgique, en Espagne, puis, deux siècles après son apparition, se précipita vers le fatal oubli qu'il n'avait pas mérité, car, de tous les styles créés, il est le plus propre à remplir le but sacré de sa desti-nation; sa création est toute du génie de l'art chré-tien, et sa composition se prête à toutes les modifica-tions de détail qui ne détruisent rien de l'harmonie générale, comme le prouvent les créations exécutées par les artistes italiens du xive siècle. Cette architecture, que l'on tente aujourd'hui de faire renaître dans l'édification des églises, n'est, à proprement parler, que la pâle copie des monuments anciens. Les architectes qui les exécutent n'ont pas toutes les qualités nécessaires de discernement et de génie. Ils ne font, dans leurs compositions, qu'un mélange confus d'ornements, de formes, d'époques et de pays différents qui enfantent un style incorrect.

Quelles furent les causes qui firent si subitement abandonner le style gothique? et pourquoi retourna-t-on au style gréco-roman? Beaucoup attribuent ce changement à l'émigration des artistes grecs en Italie, lorsque en 1453 les Turcs s'emparèrent de Constantinople; mais il faut observer : 1° que les artistes grecs conduits en Italie dans le XIe siècle, remplis de préjugés artistiques religieux, furent surpassés par les artistes italiens ; 2° que les Grecs qui fuyaient de Constantinople étaient en pleine décadence, et n'étaient que des ignorants comparés aux artistes européens, et que le style gothique était en Italie presque dans l'oubli un siècle auparavant. Il est donc utile d'en trouver les causes autre part, et on les trouve effectivement en considérant que les croisades avaient déjà semé un grand esprit d'innovation et de progrès qui avançait sans cesse, et Dante et Pétrarque commencèrent à faire goûter et apprécier tout le beau et donnèrent une grande impulsion aux études classiques; puis ajou-

tez à ces causes la découverte à cette époque de
beaucoup de manuscrits antiques, de superbes monuments qui excitaient les Italiens à l'étude; de
plus l'établissement des communes italiennes, et
la noble émulation de faire élever leurs artistes
municipaux, afin que chaque commune embellisse
sa petite capitale; le développement considérable
du commerce et de l'industrie, qui fournirent les
moyens à la réalisation des grandes entreprises,
et, finalement, l'encouragement officieux que donnèrent les moines studieux aux artistes, l'éman-
cipation des laïques et l'abolition des monopoles, et plus tard la protection des princes et des
papes, qui cherchèrent, par des faveurs accordées
aux artistes et aux littérateurs, à rendre leur tyrannie moins pesante. D'ailleurs les Italiens, pour se
venger des Allemands qui les avaient chassés et persécutés, n'adoptèrent que très-peu le style gothique,
mais l'abandonnèrent entièrement pour retourner
à un nouveau style italien, improprement appelé
lombard et plus tard bramantesque.

STYLE RENAISSANCE

Les artistes nationaux de mérite ne voulant plus
être assujettis aux artistes étrangers, créèrent des
ateliers nationaux protégés par leur prince, afin de
se soustraire à l'influence monacale et papale.

Le style de la renaissance n'est qu'une modification du style italien. Les Florentins s'attribuent l'honneur de l'avoir inventé, mais c'est avec peu de fondement. Tandis que Santa Maria del Fiore était commencée en style gothique par Arnolfo di Lapo, le Giotto fut plus heureux dans l'idée qu'il eut du campanile à équerre et en pierres de diverses couleurs, et le Brunelleschi dans l'édification de la voûte et son achèvement. L'on peut dire que parmi les Florentins l'Orcagna est le créateur du nouveau style. Avant, et même pendant cette même époque, à Milan et à Venise, la même révolution s'opérait avec beaucoup de succès, sans parler du fameux baptistère de Bergame, œuvre de Giovanni de Campione, et de la petite mais jolie église de Monza qui se détache déjà du style gothique (qu'on vient de rééditier). A peine Marco de Campione avait-il commencé la grande cathédrale de Milan, en pur style gothique, alors qu'on n'avait pas encore jeté les fondements de l'autre fameuse église, de style gothique, de la Chartreuse, près Pavie, que Matteo de Campione, dans la construction de la façade du dôme de Monza, commença de s'éloigner un peu du style gothique, et s'en éloigna tout à fait dans la construction de la chaire. Même avant eux Anzolino et Arigo, sculpteurs et architectes, se distinguèrent dans l'édification du dôme de Modène et dans l'ornementation de celui de Milan.

Celui qui excella dans cette innovation fut Bramante de Milan, que florissait au xv⁰ siècle. Les nombreuses églises qu'il exécuta s'éloignent totalement du style gothique, et il créa une nouvelle ornementation avec des fleurs et des fruits du pays, et l'enrichit de guirlandes, de voiles, de longs colliers et de génies ailés, tout en maintenant le style roman, qui n'était pas colossal et majestueux, mais gentil et urbain. Ce style architectonique ne convient qu'aux petits édifices et dans les églises peu grandes, parce qu'il est trop subdivisé. Bramante de Milan fut aussi à Rome pour peindre quelques parois du Vatican, mais ce monument était trop peu avancé; son digne élève fut Bartolomeo Suardi, dit le Bramantino. Outre beaucoup d'églises qu'il édifia et qu'il peignit aux alentours de Monza et à Milan, parmi beaucoup d'autres il construisit celles du Monastère Majeur et de San Satiro. La confusion des deux Bramante est venue de l'injustice de l'écrivain Cesarino, élève de Bramante Lazzari, qui eut la manie d'attribuer à son maître toutes les églises du Bramante milanais et des autres architectes. L'étude des documents doit dissiper une telle erreur. Bramante Lazzari n'a exécuté à Milan que le portique de Saint-Ambroise et la coupole de Sainte-Marie-des-Grâces, et il est prouvé qu'il fut deux fois à Milan, mais qu'il y resta très-peu, et qu'il était tellement odieux et persécuté des artistes qu'il fut obligé de s'enfuir. Par exemple, Cesarino attribue à Bramante Lazzari l'église de San Satiro, et il est prouvé, par les documents authentiques que l'on conserve dans cette église, qu'elle fut consacrée en 1450, époque où Bramante d'Urbino était encore enfant. Il lui attribue l'élégant portique de Santa Maria, près San Celso, projet de Cristoforo Solari. sculpteur et architecte distingué, et de la belle église octogone de Lodi, qui fut, au dire des registres de l'église, exécutée par Battagio, architecte et sculpteur de Lodi. De plus, il existe dans la Lombardie des églises de style bramantesque exécutées avant l'arrivée de Bramante d'Urbino à Milan. qui peuvent être mises en parallèle avec celles qu'il exécuta. Pour être bref, nous citerons la fameuse façade de la Chartreuse de Pavie, œuvre de Fossano, dit le Borgognone, peintre, sculpteur et architecte, et la magnifique chapelle Colleoni à Bergame, située près le dôme, œuvre remarquable d'un architecte sculpteur de Pavie, nommé Giovanni Amadeo, et les œuvres de Andrea Mantegna. En Vénétie, il existe grand nombre d'églises de ce style lombard, peut-être de Lombard Pierre qui avec ses fils et ses neveux furent célèbres architectes et sculpteurs, et qui construisirent une grande quantité d'églises et de palais à Venise.

Nous avons voulu prouver que le style de la renaissance n'est pas tout d'invention florentine,

mais en partie pisane, en partie lombarde et en
partie vénitienne, et nous sommes sûrs que si
l'on étudie l'histoire de l'art italien sur les monuments et sur les documents, l'on aura la preuve
certaine que chaque ville accrut le trésor de l'art,
et qu'elles contribuèrent toutes à la gloire de l'Italie.
Il est temps de répudier les préjugés créés par
l'ancien municipalisme italien. De l'Italie ce style
passa en France, mais avant de l'adopter dans le
midi de ce royaume on inventa un autre style
gothique que l'on peut à bon droit appelergothique
fleuri. Le style de la renaissance en France fut
mis en vogue par les rois, les ducs, etc.; les précieux débris que l'on conserve dans la cour de l'Académie des Beaux-Arts, à Paris, le prouvent assez.

Nous ne voudrions pas déprécier les architectes
florentins, mais, par amour de la justice et de la
vérité, il faut donner à chacun ce qui lui est dû ; du
reste, nous aurons encore l'occasion de mettre en
lumière le mérite éminent des architectes florentins
employés dans la construction de la plus vaste et de
la plus noble création qui existe, et de la première
merveille de l'ère vulgaire.

En 1447, Nicolas V occupa le siége apostolique; il
possédait toutes les qualités qui caractérisent un
saint homme, un savant et un protecteur magnifique des meilleurs artistes et littérateurs de son
époque. Il commença par enrichir de riches tentures

le tombeau de saint Pierre, et fit restaurer beaucoup d'églises antiques qui menaçaient ruine, avec le secours de deux savants architectes, Léon Alberti et Rossellini. Avec toutes les qualités dont il était doué, il voulut mettre à exécution un des projets grandioses qui germaient dans ses idées si vastes; il voulut doter Rome, capitale de la chrétienté, d'un palais d'une magnificence inouïe, et donner à la nouvelle Jérusalem un temple qui surpassât tous les autres en étendue et en beauté. Il ne pouvait supporter l'idée que Florence, Pise, Milan, et beaucoup d'autres églises de France et de Germanie, fussent supérieures à Saint-Pierre; par ses soins le Vatican fut commencé, et il y fit déposer plus de cinq mille manuscrits qu'il fit traduire. Il mit ainsi en présence le beau ancien avec le beau chrétien, la littérature païenne avec celle de l'Église, et de cette manière réunit deux ères tout à fait opposées. Mais le projet qu'il avait conçu et adopté ne put être exécuté; la gloire de son exécution était réservée à d'autres que lui.

VERRES COLORIÉS

Le génie de l'art chrétien, après le Xe siècle, fit une autre invention qui servit à donner aux églises un caractère spécial et l'embellissement le plus convenable : nous voulons parler des vitraux coloriés. La coloration des verres n'est qu'une dérivation de la mosaïque et de l'émail ; les verres se colorient de deux manières : par le moyen du dessin sur le verre blanc avec des couleurs transparentes, ou à l'aide de couleurs fusibles qui dans le four s'amalgament avec le verre ; les bustes, les mains et les pieds des personnages qu'on y peignait ne sont quelquefois coloriés qu'en clair-obscur.

Nous avons déjà dit que les Romains ne connaissaient pas les larges feuilles de verre ou vitres, et n'en avaient que dans de très-petites dimensions, de sorte qu'il leur était impossible d'avoir leurs demeures bien éclairées ; et même les fenêtres des églises, étroites aussi, donnaient peu de clarté dans l'intérieur du monument. L'on trouva le moyen alors de faire les vitres plus grandes et l'on put développer la grandeur des fenêtres. Les verres blancs étaient trop prosaïques ; ce fut alors que l'on pensa à colorier et à représenter des sujets bibliques et des ornements ; les fenêtres gothiques, toutes festonnées, se prêtaient admirablement à cette invention. Afin de rendre les sujets d'ornementation ou le tableau que l'on voulait représenter d'une manière plus grandiose, on découpait les différentes parties du verre diversement colorié, puis on les raccordait avec des linéaments de plomb. Les

verres coloriés remplirent et couronnèrent l'ornementation des églises de style gothique : sans cela
elles eussent été beaucoup moins belles; l'ornementation des verres coloriés donnait l'animation et
la vie et diminuait la sévérité du style.

Les moines d'Italie furent les premiers qui se
montrèrent très-habiles dans l'émail et dans la manière de colorier les verres. Les Allemands, avec
leur patience et leur talent, portèrent cet art au
plus haut degré et produisirent des œuvres sur
verre admirables et étonnantes. Si les Italiens portèrent en France le goût de la peinture, les Français
devinrent bientôt maîtres dans les verres coloriés et
se signalèrent aussi d'une manière moins sèche et
plus belle. Il suffira de dire que le moine Guillaume,
de Marseille, en 1475, était si excellent dans cet art,
que Bramante Lazzari l'appela à Rome, où il peignit
beaucoup de fenêtres du Vatican et dans l'église de
Santa Maria del Popolo; il fut aussi appelé à peindre à Cortone et à Arezzo, où il exécuta des travaux
admirables; il fixa sa demeure dans cette dernière
ville, et ouvrit une école dans laquelle excella Pas-
torino de Sienne; plus tard il peignit des fresques
avec succès.

MINIATURES

Les miniaturistes de cette époque conservèrent, plus que les autres, les traditions anciennes sans subir l'influence des peintres byzantins. A l'époque de Dante, il existait déjà des miniaturistes distingués; parmi eux Dante accorde la palme à Oderigi de Gubbio [1]. Giotto lui-même était miniaturiste remarquable, et l'on admire de lui l'histoire de saint Georges merveilleusement miniaturée, ainsi qu'un livre de miniature allégorique dédié à Bruzio Visconti, que possédait quelques années passées le comte Archinto, de Milan. Oderigi fonda une très-bonne école de miniature et de peinture à Bologne. Dans la troisième citation de Dante, où il est dit quelques mots sur l'art de l'enluminure ou de l'imagerie à Paris, l'on peut conclure avec raison que cet art était très-répandu et pratiqué en France. Dans l'histoire de la peinture sont loués, comme miniaturistes, un certain Guido da Siena, et Simon Memmi, qui dans ses travaux miniatura, pour son ami Pétrarque, le Codice Virgiliano que l'on conserve dans la bibliothèque de Milan, où l'on peut

---

[1] Oh! dissi a lui : Non sei tu Oderisi, l'onor d'Agobbio e l'onor di quell'arte che allumare è chiamata a Parisi? — Dante, *Purgatoire*.

voir encore le fameux Missel miniaturé par un artiste nommé Anovello d'Imbonate, et qui fut donné par Gian Galeazzo, en 1395, à la basilique de Saint-Ambroise, lorsqu'il fut couronné duc de Milan. Anovello fonda à Florence une bonne école de miniature en 1350. Dans la même bibliothèque de Milan se trouve un traité de musique miniaturé, dédié au cardinal Ascanio ; un livre de prières pour Beatrix d'Este. Dans la bibliothèque impériale de Paris se conserve l'histoire de Ludovico, dit le Maure, écrite par Campagnola de Crémone, ornée de si belles miniatures qu'on serait tenté de les attribuer à Léonard de Vinci, mais elles sont de Frate Antonio de Monza, qui fit plusieurs Missels pour le pape Alexandre VI. Lorenzo, moine camaldule, disciple de Tadeo Gaddi, forma aussi de bons élèves.

La miniature en Italie touche à son apogée ; elle est traitée par Frate Angelico, Atavante, Bartolomeo, abbé de Saint-Clément, Pietro de Perugia, Philippino Lippo, Gerome Liberale de Vérone, Benedetto, Frate Dominicano, et par Frate Eustachio de Saint-Marc, sans qu'il soit nécessaire de faire mention de leurs excellents élèves. Leonardo de Bissuscio se distingue comme miniaturiste à Milan et ferme glorieusement cette époque. Monte di Giovanni, contemporain du Savonarola, fit le fameux Missel pour la cathédrale à Florence ; son frère Gherardo était aussi habile dans cet art; ils travaillaient tous les deux aux Caroli et aux Missels : un de ses ouvrages fait l'honneur des archives de l'hospice de Santa Maria Nuova.

MUSIQUE ET POÉSIE.

L'orgue recevait toujours de grandes et importantes améliorations et devint l'instrument ecclésiastique par excellence. La réforme opérée dans la musique rendit nécessaire l'invention des registres divers et séparés imitant divers instruments. Le premier inventé fut appelé *regale*. Les Allemands se font une gloire d'avoir inventé d'autres registres, tels que le *cromorne*, le *hautbois* et le *basson*. L'on joignit le registre imitant *la voix humaine*, et le registre de *trombe* et le *tremolo*. L'Allemand Bernano, organiste, est regardé comme l'inventeur des *pédales*. Il habitait Venise vers la fin du xve siècle.

Jusqu'au xive siècle, le clergé catholique fut fidèle au chant grégorien; saint Bernard, le pape Étienne IX et quelques autres ne firent que le purger des erreurs des copistes, et de quelques petites licences que s'étaient permises les maîtres de chant. Les Flamands réussirent à rendre le chant religieux plus beau et plus riche d'harmonie; com—

bien de grands maîtres se distinguèrent dans la science de l'harmonie et du contre-point, et dictèrent les lois du *canone*. Le premier a été Jacob Obrecht. Ockenheim écrivit une messe à trente-six voix, avec *motets* et *canone*, très-louée pour la nouveauté et pour la science, mais cependant pauvre de cantilènes. Le prince des musiciens, le véritable père de l'harmonie, le fondateur de la musique de la renaissance, maître et non esclave des notes, a été Josquin, élève de Ockenheim. Ses compositions avaient tant de science et d'originalité, de fécondité et d'abondance de motifs énergiques, qu'il fut appelé à Rome par le pape Sixte IV pour diriger la chapelle Sixtine qu'il venait de fonder. On admire encore de lui le *Requiem* qu'il composa en l'honneur de son maître et le psaume 18e.

Eugène IV, pape en 1439, avait déjà auparavant fondé une école de chant à Florence dans laquelle étaient admis les jeunes chantres qui recevaient une instruction soignée et que l'on initiait aux études de la philosophie et de la théologie; mais Sixte IV amplifia cette idée, et fonda une nouvelle école de chant religieux et sublime.

Nombreux étaient les troubadours en France à l'époque des noces de Louis IX. Louis XI augmenta le nombre des chantres et des musiciens, qu'il employait pourtant soit pour la célébrations des offices divins, soit pour les bals profanes et les fêtes populaires et champêtres. Il est le premier roi de France qui fut nommé premier chanoine de Notre-Dame-de-Cléry avec le droit d'assister en surplis, chape et amus. Sixte IV étendit ce curieux privilége à tous les rois de France. C'est ici que nous devons noter que l'introduction de l'orgue, et sa propagation dans les plus grandes églises, fit sentir le besoin de fonder et d'établir les règles de l'harmonie. Jusqu'au xe siècle elle fut divisée, en Italie et en Allemagne, en trois catégories : *diaphonie* à deux parties, *triphonie* à trois voix et *tétraphonie* à quatre voix; mais en France on n'admit pas cette division et elle consista en un seul mot : *discantus* en latin et *déchant* en français; en effet nous voyons que Philippe le Bon ordonna que dans sa chapelle de Dijon l'on chantât à perpétuité journellement une messe à *chant* et *déchant*.

Guillaume de Machault composa une messe à quatre parties pour le sacre de Charles V.

Le maître de chapelle, Josquin Després, fut maître de chapelle pendant quelque temps de Louis XII; il composa trois motets.

Les ménétriers ou troubadours après les croisades s'appliquèrent bien peu au chant sacré. Ils préféraient plutôt composer des vers pour les tournois, les mariages et les grands événements politiques, et peu à peu ils s'adonnèrent aux chansons amoureuses et obscènes, et descendirent si bas qu'ils furent forcés pour vivre de s'associer aux saltimbanques. Cependant en France les ménétriers tàchèrent de s'améliorer en fondant en 1330 une confrérie sous la protection de saint Genest, qui, de charlatan païen qu'il était, se fit chrétien, puis subit le martyre en 303. Mais cette confrérie, composée d'hommes de mauvaise conduite, fut dissoute. Cependant quelques-uns des membres les plus honnêtes se réunirent encore, mais n'apportèrent aucune notable amélioration à la musique et à la poésie. Le même fait se reproduisit aussi en Allemagne.

A l'époque où dominait la langue provençale, on ne pourrait signaler qu'un poëme en vers provençaux en l'honneur de la Vierge, par Buonvicino da Riva, moine humilié de Milan. Ce fut lui qui introduisit les trois salutations à la Vierge, par le son des cloches, à l'aube, à midi et le soir.

Le grand Pétrarque chanta, dans les louanges de la Vierge, des vers vraiment inspirés.

C'est François Jacopone de Todi (bourgade romaine) qui composa le *Stabat mater*, et aussi le cantiléne pathétique que les chrétiens ne peuvent oublier.

Le sublime DIES IRÆ, DIES ILLA fut inventé, avec sa cantilène, par Thomas de Celano.

L'histoire en général est adulatrice : elle attribue aux Médicis la gloire d'avoir donné le premier drame musical, *Orphée aux enfers*, poésie du célèbre Ange Politien ; mais il résulte, au contraire, des

documents authentiques que la première représentation en musique donnée en Italie, ce fut un oratorio sacré, intitulé *la Chute de saint Paul*, composé
par Francesco Bavarini, et représenté à Rome en
1400, c'est-à-dire soixante années avant l'Orphée.

Se distinguèrent comme compositeurs de musique
sacrée à cette époque Nicolo Vicentino, Leonardo
Giustiniani, Nicolò Burzio de Parme, Girolamo,
de la Maison d'Udine, et Giovanni Pico, prince de
la Mirandole. Naples suivit la même impulsion, et
le roi Ferdinand d'Aragon y fonda, en 1430, une
école publique de chant, et le duc Sforza de Milan.
en 1483, imita un si noble exemple.

CINQUIÈME ÉPOQUE

SIÈCLE D'OR DE L'ART CHRÉTIEN

Peinture en Italie au XVIe siècle ; Raphaël — Sculpture en Italie, époque de Raphaël. — Architecture en Italie, époque de Raphaël. — Musique sacrée en Italie, époque de Raphaël. — Renaissance en France, époque de Raphaël (XVIe siècle).— Musique sacrée en France, époque de Raphaël. — Beaux-Arts en Espagne (architecture, peinture, sculpture), époque de Raphaël au XVIe siècle.

PEINTURE EN ITALIE AU XVIe SIÈCLE ; RAPHAEL.

Les sectaires de Luther et de Calvin préparaient les torches incendiaires qui devaient anéantir l'art chrétien ! Les iconoclastes ressuscités hurlaient de joie, et voulaient en Occident renouveler les scènes d'horreur et de carnage de l'infâme Léon l'Isaurien. L'ange des ténèbres y agitait ses ailes déployées pour couvrir de la poussière du néant les merveilles que produisit le christianisme. Mais le génie de l'art chrétien veillait et priait au pied du trône de l'Éternel. « Dieu tout-puissant, lui disait-il, ne permettez pas que le règne de l'erreur et de la destruction arrive sur la terre, que la splendeur de votre culte soit effacée, et que tant de chefs-d'œuvre, qui sont autant de rayons de votre divine sagesse, tombent sous la hache impie des barbares. Daignez, Seigneur, prêter l'oreille à ma prière. Voyez les larmes de votre peuple et la vénération qu'il porte à tout ce que lui rappelle ceux qui ont le plus de droit à la glorification des hommes. » L'ange se tut, et Dieu en baissant son regard lui sourit. . . . .

Un divin rayon éclairait déjà la nuit sereine du vendredi saint 1483. Les anges chantaient au ciel et la terre se couvrait de fleurs pour orner le berceau de Raphaël Sanzio d'Urbino.

Le génie de l'art chrétien touche à son apogée par un seul homme, Raphaël. Doué d'un esprit supérieur avec des formes angéliques, Raphaël étudia, à peine sorti de l'enfance, à l'école du grand Pérugin et des peintres anciens; il entassa dans son imagination tous les trésors de science qu'il pouvait acquérir, et à dix-huit ans à peine créa un chef-d'œuvre immortel, le *Mariage de la Vierge* (que l'on admire dans la Pinacotèque de Milan). La vaste intelligence de ce jeune génie embrasse et comprend les beautés de l'art païen. Sans les imiter, il les surpasse et arrive à la perfection la plus élevée que puisse atteindre le génie de l'art chrétien. Chaque

étape de ses voyages est marquée par un progrès ;
de Pérouse il se rend à Florence, et dans cette ville,
après avoir contemplé les œuvres de Léonard, ainsi
que les œuvres grandioses et inspirées de l'illustre
Fra Bartolomeo qui, comme le Pérugin, suivit les
hautes théories de Savonarola, créa sa seconde manière de peindre. De Florence il se rend à Rome, où
il est présenté par son oncle, l'architecte Bramante
Lazzari, au pape Jules II. Dès ce moment, les parois
du Vatican sont à lui pour les orner de ses œuvres
immortelles et deviennent les parois du paradis.
C'est là qu'il étale toute la puissance de son imagination et de son génie. Tandis que les commis-
sions du pape et des princes lui arrivent, les plus
grands artistes, même les plus âgés, reconnaissant
toute la supériorité de ce talent éminent et privilégié du ciel, se mettent volontiers à travailler sous
sa direction et suivent ses conseils ; ils admirent la
manière de sa touche, l'élégance et la sublimité de ses
compositions. Tous s'inclinent et se prosternent devant lui. Tout enfin lui est favorable : le grandiose et
le terrible de Michel-Ange impressionnent vivement
son âme, et lui font trouver sa troisième manière
majestueuse et grandiose, qu'il employa dans son
chef-d'œuvre de *la Transfiguration*.

La terre ne fut point pour Raphaël une vallée de
larmes, ni un sentier semé d'épines ; l'envie ne lui
fit point sentir ses morsures cruelles, l'amour lui fut

même propice au terme de sa courte carrière. La mort, qui ne respecte rien, n'imprima pas cependant sur son front sa marque livide ; elle n'altéra pas les traits de son génie : il s'éteignit dans un doux sommeil. Le génie de l'art chrétien l'a introduit dans le temple de l'immortalité et l'a placé sur un trône tout rayonnant de gloire, ainsi que ses élèves et ses premiers imitateurs qui lui font couronne : tels que Jules Romain, Fattorino, Gaudenzio Ferrari, Cesare da Cesto, Polidore et Michel-Ange de Caravagio, Pierin del Vaga, Pelegrino da Modena, Raphaellino del Colle, Timoteo della Vite, Michel Coxis, Pietro Campana, le grand Atavante et plusieurs autres.

Mais le prodige de Dieu ne s'est pas arrêté à Raphaël seul, il a voulu que dans les moindres petites villes et dans les plus petits pays de l'Italie surgissent une foule d'artistes dignes de s'asseoir à côté du trône de Raphaël, et, ce qui est encore plus éclatant, c'est qu'il a voulu que tous ces artistes n'excellassent pas seulement dans une partie de l'art, mais dans toutes les parties et dans toutes les sciences en même temps : prodige miraculeux qui ne s'est plus renouvelé et ne se renouvellera peut-être jamais.

Contemplons donc avec un légitime orgueil ce grand hémicycle dressé dans le temple de l'immortalité, tout peuplé de ces génies extraordinaires qui ont formé le siècle d'or de l'art chrétien.

Quel est ce vieillard vénérable, d'un air inspiré et d'une physionomie en même temps diplomatique. qui siége à droite de Raphaël? C'est le grand Titien Veccelli, sorti de l'humble vallée de Cadore, le prince des coloristes, dont la couleur semble broyée avec la chair et le sang, l'auteur des chefs-d'œuvre de l'*Assomption*, de *Saint Pierre martyr*, du *Couronnement d'épines*, des *Descentes au tombeau* et de plusieurs *Saintes Familles*. Son émule. le Pordenone, surnommé le Michel-Ange vénitien. semble le regarder d'un air dédaigneux ; il est l'auteur de la *Grande Crucificazione*, dans le dôme de Crémone ; de *Saint Augustin*, à Plaisance, et de nombreuses œuvres admirables. Brillent encore d'un vif éclat : Le Giorgione, le bon Palma le Vieux. Parys-Bordone, Lorenzo Lotto de Bergame, Bonnifacio, Schiavone, Campagnola ; et de la même splendeur que Titien, brille aussi Paul Véronèse, qui a su représenter les scènes sacrées, les plus peuplées dans de grandes proportions avec toute l'évidence possible, et a su les exécuter avec une faculté si prodigieuse qu'elles semblent faites d'un seul sujet.

A la gauche de Raphaël, on voit le grand Léonard de Vinci, l'auteur de la sublime *Cène* qu'on admire encore à Milan, de plusieurs *Saintes Familles* qui respirent un doux sentiment religieux ; toutes œuvres exécutées avec un fini précieux et un dessin correct; Salaïno, Beltraffio, Marco d'Ogionno, Andrea Solari l'entourent, tandis que Bernardino Luino, le Raphaël lombard, lui serre la main.

Sur un autre trône, on voit, entouré d'une couronne céleste, briller d'un vif éclat Antonio Allegri, dit le Corrège, peintre d'imagination, original, gracieux et suave, dont le coloris brillant semble emprunté aux feux du soleil; il a produit des merveilleuses coupoles à Parme, il a fait plusieurs édyles sacrées, comme la *Madone* dite à l'*Écuelle*, le *Saint Jérôme* et une foule de chefs-d'œuvre. Corrège est le peintre du paradis, il a porté l'idéal jusqu'à l'extase; ses peintures ont le pouvoir et la vertu de faire oublier tout ce qu'il y a ici-bas et de nous transporter dans le séjour paisible du ciel; sont assis à côté de lui, le Parmesan, le Roudami et l'Aréthuse. Mais parmi tant d'artistes apparaît un des plus grands génies, le profond et le terrible Michel-Ange, qui opéra des prodiges de peinture dans la chapelle Sixtine, et excella dans la sculpture et l'architecture. Cet autre qui brille aussi d'un vif éclat, et qui, par son génie, se rapproche de Raphaël, est Andrea del Sarto, l'auteur de plusieurs *Saintes Familles* admirables. Là ne finit point l'énumération de tous les grands maîtres de ce siècle qui composent cette glorieuse phalange. Lodi vante son Caliste Piazza; Ferrare, Dosso Dosso, le raphaëlesque Garofalo, Gérôme de Carpi, Mazzoolino et Scarsellino; Bologne a donné naissance au grand Francia et au Bagnacavallo; Crémone a produit les Campi et Gatti.

Dans tous ceux que nous venons d'énumérer, l'on ne peut s'empêcher de reconnaître que c'est Dieu qui, pour confondre les iconoclastes d'une manière digne de lui, a fait naître partout tant de peintres, de sculpteurs, d'architectes qui ont surpassé ceux des siècles d'or de Périclès et d'Auguste.

Le caractère principal des peintres du siècle d'or de Léon X est de représenter, avec toutes les ressources de l'art, les scènes religieuses les plus pathétiques qui puissent exalter l'esprit et réveiller les plus suaves sentiments religieux, de propager l'amour maternel, de le sanctifier ainsi que l'amour de la famille.

L'Église depuis plusieurs siècles avait approuvé l'image de Notre-Dame qui allaite l'enfant Jésus, noble et touchante représentation qui invite les mères à prodiguer tous les soins à leurs enfants. En effet, tous les tableaux de cette époque représentant la sainte famille expriment d'une manière parfaite l'affection et la plus grande concorde entre tous les membres. Ils servaient et servent encore à démontrer que le seul bonheur dans cette vie n'est autre que l'union dans les familles.

Dans le moyen âge le clergé ordonna aux peintres de représenter l'enfant Jésus tout à fait nu et ceint d'une riche auréole pour démontrer qu'il est Dieu et homme en même temps. Dans presque tous les tableaux jusqu'à Raphaël et même quelque temps après lui on trouve encore cette même représentation. Pourquoi les prêtres et les religieux sont-ils devenus plus difficiles aujourd'hui? et pourquoi trouvent-ils scandaleuse la représentation de l'image de la Vierge qui allaite l'enfant Jésus nu sur les genoux de la Vierge? C'est qu'il faut avouer que nos pères étaient bien plus naïfs, plus innocents et moins susceptibles.

SCULPTURE

Quoique dans l'article précédent nous ayons embrassé dans un seul ensemble tous les mérites des grands artistes encyclopédiques qui florissaient avec Raphaël, nous ferons un article à part pour les sculpteurs de ce siècle d'art.

Le nom de Verocchio est presque aussi célèbre que celui de Perugino, parce que, quoique meilleur sculpteur que peintre, il eut le mérite d'avoir formé et instruit Léonard de Vinci, sans compter d'autres bons élèves. De Leonardo comme sculpteur de sujets sacrés nous n'avons que peu à dire, parce que sous la direction de son maître il ne fit que quelques crucifix votifs en cire, et des statuettes en terre cuite qui furent dispersées et perdues. Son plus bel ouvrage en sculpture fut la statue équestre du duc de Milan qui fut pour ainsi dire détruite sous ses yeux. Verocchio initia Michel-Ange dans l'art de la sculpture; quant à ce dernier, nous devons exalter les nombreuses œuvres qui l'immortalisèrent, œuvres qui doivent être divisées en deux catégories. Celles de la première jeunesse sont un ange, une statue de saint Pétrone, un crucifix en bois, une petite madone qu'il jeta en bronze pour son ami Doni, le gigantesque David et le fameux groupe de la Pietà qu'il exécuta pour le cardinal François Villiers de la Groslayë, abbé de Saint-Denis et que l'on vénère maintenant à Saint-Pierre de Rome. Toutes ses œuvres premières se ressentent de la grâce et de la suavité de Donatello et de Masaccio, et celles exécutées plus tard en diffèrent essentiellement. Nous citerons une résurrection du Christ, et principalement le Moïse, dans lequel il voulut porter le terrible religieux au point le plus culminant, selon les grandes inspirations de Dante. Il reçut de l'envieux Torregiano un coup de poing sur la figure qui lui écrasa le nez, et Bacio Bandinelli mit en pièces un de ses cartons; mais toutes ces persécutions rendirent sa gloire encore plus pure, ce qui, pour ses persécuteurs fut le plus grand châtiment. Presque tous les artistes et les écrivains des beaux-arts placent Michel-Ange au-dessus de tous les autres sculpteurs[1], et pourtant Michel-Ange lui-même n'en était pas persuadé par les raisons que nous allons exposer.

Parmi les sculpteurs qui à cette époque se distinguèrent dans la décoration du dôme de Milan et de la chartreuse de Pavie furent Marco Agrati, Andrea Solari, Fusina et Agostino Busti dit Banbaja; ce dernier, qui inspira toute l'école puriste, a atteint le degré le plus élevé pour travailler le marbre et le finir aussi poli que l'ivoire, et le faisait ressembler à une pâte. Aucun ne l'égalait pour traiter avec la plus grande morbidesse les cheveux, les carnations, les draperies, les architectures, l'ornementation et les animaux, et ce qui est plus admirable encore, c'est que tant de finesse et de minutie dans les plus petits détails ne nuisent ni à l'ensemble ni à l'importance de la composition; et ce qu'on doit admirer davantage, c'est que les têtes sont angéliques et inspirées[2]. Ce fut à ce grand sculpteur à qui fut confiée l'érection du sépulcre de Gaston de

---

[1] De nombreuses critiques furent faites à cet artiste, mais la plupart non fondées; celle qui à notre avis est la plus raisonnée au point de vue de l'art chrétien, c'est que Michel-Ange fait trop ressortir les muscles, surtout chez les femmes et les enfants; il tombe ainsi dans une grande uniformité de corps qui n'imite pas bien la vérité. Les femmes et les enfants ressemblent à des athlètes et ses christs ressemblent à Samson.

[2] Vasari dit que lorsque Léonard de Vinci fut en Lombardie, il y apprit là le beau type des têtes et leurs mouvements, et en effet se dis-

Foix. Il en avait déjà terminé les différents morceaux ; mais il ne put jamais les réunir à cause des factions politiques, et des guerres qui se succédaient rapidement à cette époque, et ces différents fragments furent dispersés entre différentes familles et musées. Le milanais Pierotti, très-habile mouleur, a de nos jours fait le calque de tous ces morceaux, et a eu le bonheur de trouver à Londres le dessin de ce monument, avec l'aide duquel il pourra bientôt l'achever et le montrer dans toute sa beauté. Outre la statue du jeune Gaston de Foix posée sur le tombeau sont représentées à l'entour des statuettes : prophètes, vertus, bas-reliefs, représentant les fastes de ce guerrier et nombreux traits de la passion du Christ. Malheureusement ces riches bas-reliefs d'un fini précieux sont les plus mutilés. Les morceaux composant ce magnifique tombeau étaient déposés dans le monastère de Sainte-Marthe à Milan dans l'église duquel on devait ériger le monument ; et les pauvres religieuses de la communauté, dans leur exaltation fanatique, gâtèrent les figurines représentant les Hébreux en leur cassant la tête, parce que les Juifs avaient maltraité et tourmenté le Christ. Lorsque Michel-Ange dans ses voyages à Venise et

tinguèrent là aussi Bourgognone, Bramantino , Zenale, Buttinone, lo Scotto, et spécialement Bernardino Luino, et parmi les sculpteurs principalement il Danbaja.

à Bologne put voir quelques œuvres de Banhaja, il en fut si frappé que, retournant à Rome, il grava son nom sur son magnifique groupe de la Pietà, qui est sans contredit son chef-d'œuvre, afin qu'on ne le confondît pas avec les œuvres de Banhaja.

Nous pourrions mentionner d'autres artistes distingués, comme Benvenuto Cellini, mais comme il ne fit qu'un Christ à l'Escurial, et que toutes ses autres œuvres sont des sujets mythologiques, nous nous éloignerions de notre but qui n'est pas de faire une histoire de l'art, mais bien de montrer l'influence exercée sur l'art par le génie du christianisme et de citer les innombrables chefs-d'œuvre produits dans ces temps de prodiges. Il est vrai que Cellini exécuta beaucoup de Pace [1]; mais pour l'art en grand c'est peu de chose, et il est nécessaire de dire que dans ce genre de travail se distinguèrent aussi le Caradosso Soppa de Pavie, le milanais Piez del Tacca, Lantezia, Amerighi, le bolonais Francia, etc., etc.

---

[1] Pace ou Pietà était un bas-relief que le sacerdoce, à cette époque, faisait baiser au peuple pendant la messe en chant. Nous en avons vu une très-belle dans le trésor du Dôme de Milan, qui est un don du pape Pie IV. Ce don est vraiment digne d'un pape par sa grande richesse. C'est l'œuvre du Caradosso.

ARCHITECTURE

Chantez, croyants, les hymnes de joie au Dieu des
miséricordes ! Unissez-vous aux vierges et aux
lévites pour chanter les louanges du Dieu grand et
puissant qui, fidèle à sa promesse, a exaucé les vœux
de son peuple. Voyez surgir de ses fondements
gigantesques le temple de la nouvelle Jérusalem qui
surpasse en grandeur, en beauté, en richesse et
splendeur le temple de Salomon, et qui éclipse les
magnifiques cathédrales de Sienne, de Pise, de Florence, de Milan, de Paris, de Cologne et de Vienne.
Quels marbres précieux ! que de milliers de statues
colossales ! quelle énorme accumulation d'ornements
de bronze, de tapis, de vases sacrés et de candélabres
d'argent et d'or, recouverts de pierres précieuses et
d'émaux, combien de grandioses peintures, de magnifiques mosaïques et de splendides tentures ! La
lumière des cierges éclipse la splendeur du soleil.
C'est là la vraie maison de Dieu, dans laquelle la
prière s'élève vers le ciel dans des nuages embaumés
d'encens ! C'est là que le génie de l'art chrétien a
réuni toutes ses conquêtes de quinze siècles ; c'est là
que l'architecture chrétienne étale son chef-d'œuvre.
C'est là que les statues, les médaillons, les monuments
sépulcraux forment le plus bel ornement de la
sculpture ; où peut-on admirer des mosaïques plus

belles et des tentures si finement travaillées ? C'est là que la musique sacrée déploie toute la puissance de ses notes et la beauté de ses mélodies célestes. C'est là cet insigne Vatican, la demeure du vicaire du Christ, du successeur de saint Pierre; c'est là que sont déposés les vrais tabernacles du Seigneur, dont les parois sont peintes par Raphaël et remplies des chefs-d'œuvre des premiers peintres du monde, et où est classée la grande collection de manuscrits, en un mot les meilleurs produits de l'art païen en face de l'art chrétien.

La première idée d'un si gigantesque monument appartient au pieux Nicolas V, qui trouva dans son successeur Paul II le continuateur de son œuvre avec des idées plus grandes encore. Mais celui qui doit être regardé comme le vrai fondateur de cette première merveille de l'ère moderne, est le grand Jules II. Ce pape de génie fit concourir les plus grands architectes de son époque à l'érection de ce monument, et choisit avec raison le plan de Bramante Lazzari; il fit activer les travaux qui furent continués sous Léon X par les architectes Giuliano de San-Gallo, par Raphaël, et Fra Giocondo; sous Clément VII, Balthassare Peruzzi acheva la tribune, et enfin Antonio de San-Gallo et Michel-Ange, puis le grand Vignole, terminèrent ce monument. On sait que Michel-Ange eut la téméraire hardiesse de superposer au grand dôme une coupole sur le modèle du Panthéon.

Que pourrons-nous dire encore de la chapelle sous
la confession, et dans laquelle reposent les ossements
des saints apôtres, Pierre et Paul? Elle est ornée
de marbres plus précieux que les pierres les plus
rares, de statues, de bas-reliefs et des ornements les
plus exquis, de bronzes dorés, et éclairée par cent
lampes d'argent et d'or, qui brûlent continuellement.

Devant ce colosse sacré, devant cette vraie cité
sainte, arrêtons-nous un instant sur quelques con-
sidérations esthétiques qui ont rapport au but de
notre livre. La première émotion que l'on éprouve
devant cette merveilleuse basilique est que cet
édifice atteint le point culminant de l'architecture
sacrée. Les chrétiens pendant quinze siècles n'élevèrent jamais un temple aussi somptueux, aussi
vaste, aussi riche, et aussi beau que celui de
Saint-Pierre. Nous avons vu l'architecture chrétienne
à travers toutes ses phases. Nous l'avons vue humble
et servile dans les quatre premiers siècles de l'É-
glise. Nous l'avons vue dans son principe tout de liberté revêtir ses édifices d'un caractère vraiment
religieux inspiré par le génie de l'art chrétien; puis
lutter contre l'ignorance du moyen âge et progresser à pas lents. Nous l'avons vue se refon-
dre, se rajeunir, et opérer énergiquement à l'époque
des croisades, puis tenter avec bonheur un nouveau
et magnifique style, et enfin, sous les ruines antiques,
fonder deux nouveaux styles, l'un lombard, l'autre

italien, qui marquent la seconde période de la renaissance de l'architecture sacrée.

La meilleure production dont elle puisse se glorifier est le monument colossal et vraiment extraordinaire appelé la Basilique de Saint-Pierre ; l'architecture chrétienne, à bout de progression, d'invention et de création, retourne à son point de départ, non aux catacombes, mais à l'époque des premières églises édifiées sous Constantin, l'architecture sacrée se retourne vers le style antique gréco-roman, et montre en tout sa pureté et sa grandiosité.

Un grand nombre de personnes religieuses trouvent le dôme de Milan supérieur à celui de Saint-Pierre, non pour la grandeur, mais pour le caractère religieux dont il est revêtu, et sa grandiose et sévère simplicité qui convie mieux à la dévotion et appelle à la prière. La basilique de Saint-Pierre n'a à leurs yeux que l'aspect d'un temple païen, trop ornementé et trop riant; dans ce reproche, il y a du vrai et du faux. Le style est vraiment celui des temples païens, mais cette idée s'évanouit bientôt quand on admire les immenses voûtes et coupoles qui n'existaient pas dans les temples antiques, la diversité des plans et de la configuration, et plus encore du caractère grandiose et de l'ornementation qui est toute sacrée. Les peintures qui décorent les voûtes, les mosaïques, les statues et les médaillons, ne représentent que Vertus, Anges, Chérubins,

Apôtres et Saints, et en examinant avec soin ces peintures gigantesques et ces sculptures colossales, on ne peut s'empêcher de reconnaître, et l'on demeure convaincu, que c'est là la vraie maison de Dieu. Ces deux cathédrales subirent les injures des artistes baroques et des artistes orgueilleux qui ne respectèrent pas l'idée primitive et grande, mais qui voulurent y mettre du leur et gâtèrent la beauté de la conception et de l'ensemble. Nous citerons les barbares altérations dans la sculpture faites au dôme de Milan, et la plus grande de toutes, la reconstruction de la façade gothique mélangée de roman, ainsi que les nouveaux vitraux coloriés trop brillants. La façade de Saint-Pierre semble plutôt celle d'un palais que d'une église, et l'autel majeur trop petit et trop mesquin ; malgré ces imperfections la basilique de Saint-Pierre éclipse toutes les autres basiliques du monde chrétien, elle montre le génie des architectes de cette époque qui furent capables de créer une conception aussi grandiose, et des papes qui pour favoriser la religion voulurent faire de Rome la capitale du catholicisme par l'érection de la plus belle église dédiée au premier des papes.

Outre Saint-Pierre de Rome on édifia à cette époque beaucoup d'autres magnifiques églises dans ce style classique. Nous avons déjà mentionné les architectes qui travaillèrent au Vatican, et qui exé-

cutèrent des œuvres sacrées et profanes : les plus
grands furent la famille des San-Gallo, Bramante,
Le Sansovino, Vignole, etc., etc. En Lombardie se
distinguèrent aussi le Banbaja, Ambrogio, de Fossano, le Solari, et beaucoup d'autres aussi à Venise,
à Gênes, à Florence, etc., etc.

MUSIQUE SACRÉE EN ITALIE

Dans ce siècle la musique sacrée subit d'utiles réformes, et le système musical fut réduit à des règles
plus raisonnables. A toutes ces améliorations contribuèrent : 1º le Florentin Pietro Aaron avec ses œuvres : *De Institutione Armonica*, Bologna, 1516 ;
Il Toscanello della musica, et un autre traité, intitulé : *Della natura e cognizioni di tutti i toni nel
canto figurato*. — 2º Le R. P. Angelo de Picitone avec
l'œuvre : *Fior Angelico di musica*, Venise, 1547. —
3º Giuseppe Garlino de Chioggia avec ses *Instituzioni
e dimostrazioni di musica*, 1580, et avec sa très-belle
œuvre *Dimostrazioni Armoniche*. — 4º Le chanoine
d'Arezzo Orazio Tigrini avec son *Compendio della musica*, Venise, 1588. — 5º Le Parmesan Pietro Ponzio
avec ses *Dialoghi della musica*. — 6º Le R. P. Luigi
Zacconi de Pesaro, avec sa *Pratica di musica*,
Venise, 1596, et le R.-P. Valerio Bono avec ses

*Esempi delli passaggi delle consonanze e dissonanze
ed altre cose pertinenti al compositore*, Milan, 1596.
— 7° Le chanoine Maria Aretusi avec son *Arte del
contrappunto*, Venise, 1596.

Dans ce siècle, la mélodie prit un plus grand développement par l'expression de la parole, on régla
mieux les voix des chœurs pour ne pas provoquer la
confusion et afin qu'une voix ne nuisît pas à une
autre. Claudio Monteverde, de Cremone, fut celui
qui commença à opérer cette révolution dans l'harmonie des divers tons ; mais deux hommes de grand
mérite, Asola et Palestrina, furent ceux qui portèrent
le style majestueux et dévot de la musique religieuse au plus haut degré. Le prêtre D. Matteo
Asola, de Vérone, fit en musique divers introïts et
graduels à plusieurs voix pour les messes solen-
nelles de toute l'année, et composa aussi beaucoup
de messes en vraie musique d'église.

Pier Luigi dit Palestrina, du nom de son pays, fut,
en 1562, maître de chapelle à Sainte-Marie-Majeure,
et en 1571 fut nommé maître au Vatican. Il composa
douze merveilleux livres de messes, six livres non
moins estimés de motets, deux d'offertoires, et trois
autres d'hymnes pour les fêtes de toute l'année. A son
époque, la musique d'église était mélangée et paraissait plutôt une musique de place et de théâtre.
Elle était arrivée à un tel point que le pape Marcel II
était prêt à publier un bref par lequel il voulait la

bannir totalement des églises. Lorsque Palestrina connut ce projet, il composa une messe qu'il fit entendre au pape, et celui-ci en fut tellement ému qu'il déchira le bref et reconnut qu'il valait mieux supprimer les abus que de détruire une chose si divine. — On chante encore aujourd'hui le Stabat Mater de Palestrina, comme aussi beaucoup de ses motets, parce que ces chants sont purs, suaves, nobles et inspirés. Un si admirable style fut bientôt étudié et imité avec beaucoup de succès par Maria Nanini, de Vallerano, qui lui succéda en qualité de maître au Vatican, et par le R. P. Costanzo Porta, de Cremone, maître de chapelle du dôme de Ravenne puis de la sainte maison de Notre-Dame de Lorette.

Les oratorios sacrés et les cantates religieuses durent à cette époque leur grand développement à ce que saint Philippe Neri, entre autres, à l'exemple de Savonarole, les opposa aux drames et aux représentations ainsi qu'aux chansons profanes, pour ne pas dire lubriques, de ces temps-là.

Vers la moitié de ce siècle fut signalée l'invention d'un instrument sacré puissant à secourir et à soutenir le chant grégorien, par Edmond Guillaume, chanoine d'Auxerre, qui courba le cornet en forme de serpent et auquel il donna le nom de faux bourdon. Cet instrument est encore en usage aujourd'hui. Nous avons déjà dit que les Allemands dominaient dans la chapelle Sixtine depuis sa fondation et qu'un

grand nombre d'entre eux, parmi lesquels Josquin,
s'y distinguèrent. Avant de clore cette période, il est
nécessaire de mentionner d'autres Flamands qui
soutinrent l'honneur de la musique sacrée en Italie.
Ce sont : Nicolas Combert, célèbre compositeur de
fugues, élève de Josquin, Thomas Crequillon,
Jacob Clemens (non pape), Cornelio Canis, Arnold
de Pruy, Joan Custiletti, Sebastiane Hollander, et
un grand nombre d'autres ; mais cette école étant
dégénérée fut rehaussée par les deux grands génies
de Asola et de Palestrina.

POÉSIE SACRÉE EN ITALIE

Après Dante et Pétrarque, la poésie sacrée, au lieu
de progresser, allait déclinant chaque jour. L'on étudiait, l'on admirait, l'on commentait Dante, mais
sans en pénétrer l'esprit, sans continuer l'œuvre de
la grande réforme. L'étude des classiques grecs et
latins ne forma que des poëtes érudits, mais station-
naires ; des poëtes pédants qui, ne voulant pas sortir
du cercle qu'ils s'étaient tracé, regardaient comme
une témérité et une folie de prendre le vol vers
d'autres régions et de s'inspirer au livre des livres,
c'est-à-dire à la Bible. Nous ne pouvons comprendre
pourquoi et comment, pendant trois siècles, ces

hommes, qui se disaient chrétiens, ne surent invoquer qu'Apollon, les Muses et Vénus, et ne parlaient que de Jupiter, de Junon, de Pluton, de Bacchus et d'autres dieux, ainsi que des naïades, des pléiades, des amadriades et des satyres.

Savonarole chercha à mettre un frein à une pareille licence en en démontrant toute la difformité et l'erreur; mais l'on sait que les novateurs ne sont jamais heureux. Que peuvent, en effet, les efforts d'un seul homme pour lutter et pour détruire l'habitude invétérée du plus grand nombre? Malgré tout son saint zèle et ses hautes paroles, il dut succomber. Cependant la poésie païenne devait recevoir un second coup que lui portaient grand nombre de poëtes distingués, qui, dans leurs poëmes héroï-comiques, tournaient en ridicule les divinités de l'Olympe et les merveilleuses entreprises des chevaliers errants; parmi tous ces poëtes, l'Arioste se distingua d'une manière inimitable.

Cependant le génie de l'art chrétien ne voulut point permettre que le siècle d'or se refermât sans que la poésie sacrée, dans toute sa divine beauté, eût jeté un de ses brillants rayons. Il ne produisit, il est vrai, qu'un seul poëte, mais qui en vaut à lui seul plus de mille et qui, dans la poésie, excella autant que Raphaël dans la peinture. Torquato Tasse fut ce poëte privilégié du ciel qui sut choisir, pour thème de son œuvre, le plus grand événement religieux, l'histoire de la première croisade, qu'il intitula : *La Jérusalem délivrée*. Toutes ses études, tous les efforts de son génie tendaient à élever sa poésie à la grandeur et à la hauteur de son sujet.

Dans ce poëme éminemment religieux, Le Tasse dépeint avec une admirable vivacité les sublimes efforts des croisés pour conquérir le Saint-Sépulcre, les cruelles souffrances qu'ils endurent, les actes d'abnégation et d'héroïsme qu'ils déploient, le zèle surhumain de Pierre l'Ermite pour conduire les croisés à la grande conquête et pour maintenir la concorde et la piété dans l'armée, ainsi que la valeur alliée à la prudence de Godefroid de Bouillon ; il décrit avec une grande vérité les batailles, les duels, les tournois, les marches et les entreprises des combattants, et tous les moindres détails sont racontés d'une manière si poétique et à la fois si classique, qu'ils sont proposés pour modèle aux jeunes élèves. Son poëme est ingénieusement parsemé de fleurs, d'épisodes amoureux, d'inventions poétiques d'une grande finesse. Il veut que tous ces ornements ne servent qu'à varier son sujet pour mieux l'embellir, et c'est ce qu'il dit lui-même au commencement de son œuvre, en demandant pardon à la muse céleste d'avoir employé différentes histoires profanes par amour de la variété et pour rendre son poëme plus attrayant : toutes ces fictions ne nuiront ni à la grandeur ni à la sainteté du poëme, d'autant plus qu'il a cherché à rendre ses chants plus agréables et en même temps plus instructifs. Il explique ainsi son idée par cette similitude :

> « Cosi all'egro fanciul porgiamo aspersi
> Di soave licor gli orli del vaso ;
> Succhi amari ingannato intanto ei beve ;
> E dall' inganno suo vita riceve. »

« L'enfant malade boit les sucs amers dans le verre que nous lui présentons humecté d'une suave liqueur, et ainsi trompé il reçoit la vie. »

Torquato Tasse composa d'autres œuvres célèbres, il écrivit dans de beaux vers un petit poëme intitulé : *les Sept Journées*. A ce poëme s'inspira le grand Haydn quand il composa son œuvre sublime de la Création. L'on sait que ce grand génie habita longtemps l'Italie, et qu'il connaissait très-bien la langue de ce beau pays et ses grands hommes.

Pauvre Tasse! combien fut différente ton existence de celle de Raphaël, qui trouva son chemin semé de fleurs, qui ne fut point piqué par les épines de la jalousie ni par l'envie et la critique qui n'osèrent lui déclarer la guerre! Ta carrière, au contraire, ne fut semée que de tribulations, d'obstacles, d'affronts et d'humiliations : tu ne trouvas que des ennemis autour de ceux même qui devaient te proclamer le meilleur poëte épique de l'Italie. La persécution fut si intense, si brutale, si acharnée qu'elle parvint à troubler ta raison. Cependant, devant ta constance iné-

branlable et devant le mérite éminent de ton poëme,
la calomnie se désarma. Déjà sur le Capitole s'apprê-
tait la couronne de fleurs immortelles qui ceignit le
front de Dante, de Pétrarque, de Boccace et de
l'Arioste ; mais Dieu t'appela vers lui le jour de ton
triomphe pour te couronner d'étoiles dans le Capitole
céleste : le monde était indigne de ceindre le front
du poëte qu'il avait tant persécuté.

Honneur, louanges et gloire à Dieu, seul juste et
grand !!!

RENAISSANCE EN FRANCE

Le génie de l'art chrétien, qui avait répandu tant
de lumières sur l'Italie, ne pouvait oublier sa sœur,
la France ; en effet, elle aussi ne resta pas étrangère
à ce grand mouvement ; elle ouvrit de bonne heure
les yeux à l'esthétique religieuse, elle avait pénétré
les mystères, avait étudié les disciplines techniques,
et produisit des œuvres dignes de cette grande époque et de ce grand pays. En architecture, ses artistes
étaient si savants et en si grand nombre, que dans
les constructions des églises, des somptueux châteaux, des palais et des forteresses, on n'employa
que des artistes nationaux. Des Italiens très-habiles ne purent entrer en concurrence avec les ar-

chitectes français par le peu de travaux qu'ils obtinrent et furent obligés de retourner dans leur patrie.
Car nous ne pouvons croire qu'ils furent l'objet de
l'envie et de la persécution. Outre cela, la préémi-
nence de la France sur l'Italie n'est guère contestée
pour la miniature, quoiqu'elle ne produisît que peu
d'artistes et peu d'œuvres.

La période de la renaissance cependant est de
moindre durée qu'en Italie, elle n'embrasse que les
règnes de cinq rois. A ceux qui s'étonneraient que
nous commencions par exalter Louis XI, ce roi si
rude, si sombre, si cruel et cependant ami de la
vérité, nous dirons qu'il fut amateur et protecteur
des beaux-arts. Les documents qui nous restent
sont peu nombreux, mais irréfragables : en premier lieu, il aimait les splendides et dévotes
peintures de Gian Bellino et en acheta plusieurs,
ce qui prouve qu'il avait le goût exquis ; et en
second lieu, l'histoire nous apprend qu'il accorda
sa protection et fit des commandes à Fouquet de
Tours, miniaturiste excellent, que les connaisseurs
placent au-dessus du grand Attavante de Florence
et même du Flamand Memmlink, qui miniatura pour
son royal Mécène un bréviaire qui lui valut le titre
de peintre du roi ; malheureusement on ne conserve
de cet artiste que ce bréviaire, dix-sept feuilles dé-
tachées d'un grand livre de prières, à Francfort, et
deux miniatures, ou, pour mieux dire, le frontispice

de deux livres, celui de Tite-Livre et celui de Fla-
vien ; ces deux miniatures peuvent se voir à la
Bibliothèque impériale.

Charles VIII donna une grande impulsion à la
propagation des beaux-arts ; il fit venir de Naples en
France grand nombre d'architectes et de sculpteurs
qui élevèrent différents édifices somptueux ornés de
statues, exécutées par des sculpteurs napolitains, et
des artistes français peignirent, pour sa femme Anne
de Bretagne, un livre d'heures orné de magnifiques
miniatures. Ce livre, qui faisait partie de la Bibliothèque impériale, est aujourd'hui dans le musée
des Souverains. Ceux cependant qui conduisirent
les beaux-arts au plus haut degré. furent Louis XII
et François Ier ; le premier conduisit aussi des architectes d'Italie en France, parmi lesquels prime
le Frère dominicain Jocondo, Vénitien, vrai prodige
de science et architecte égal à Michel-Ange ; parmi
les diverses œuvres qu'il fit, l'on cite *le Pont de
Notre-Dame*. Ce roi favorisa les beaux-arts, non
comme Périclès, ni comme Auguste, ni comme les
Visconti et les Sforza, mais par ostentation et pour
se faire pardonner la tyrannie qu'il exerçait et cacher enfin tous ses crimes sous un splendide manteau ; mais on ne peut s'empêcher de reconnaître
qu'il aimait l'art pour lui-même, parce que l'art
élève l'âme et qu'il procure de nobles et grandes
sensations et d'agréables distractions. On sait

toutes les démarches qu'il fit pour obtenir de la
cour de Florence l'honneur d'avoir auprès de lui
Léonard de Vinci, et combien de hauts personnages
il dut employer pour décider ce dernier à accepter
les propositions si avantageuses qu'il lui faisait,
ainsi que la joie qu'il éprouva et qu'il traduisit dans
une exclamation qui partait du fond du cœur, lorsque, apprenant la réussite de ses désirs, il s'écria que
c'était pour lui une grande victoire. Ce fut ce roi qui,
mieux inspiré que Laurent de Médicis et Léon X, reconnut les qualités éminentes de Léonard de Vinci
et qui, pour le dédommager des persécutions qu'il
avait souffertes dans son pays natal et à Rome, le
nomma peintre du roi et lui commanda plusieurs
Vierges et Saintes Familles devant lesquelles il pas-
sait des heures entières comme en extase. Ces
dessins servirent de modèles et excitèrent l'émulation des artistes français. Sous son règne florissaient
en France deux grands sculpteurs, Jean Juste
et Michel Colomb qu'il pensionnait; le premier fit
la tombe du fils de Charles VIII, œuvre admirable
dans la cathédrale de Tours, et plus tard exécuta
avec un égal succès la tombe de son royal Mécène;
le second sculpta un magnifique tombeau pour François II, dernier roi de Bretagne, dans la cathédrale
de Nantes, en 1505. Cet artiste est considéré comme
le Michel-Ange de la France. Louis XII eut la bonne
fortune d'avoir pour ministre le cardinal d'Amboise,

grand Mécène plein de goût, qui, avec ses parents qu'il avait élevés aux premières charges du royaume, employa toute son influence et toutes ses richesses à favoriser les beaux-arts. Ce fut ce ministre qui envoya à Rome le Frère Giocondo et Jean Juste pour copier les plus belles antiquités, et surtout les arabesques et les grotesques les plus fameuses que l'on venait de découvrir.

Georges d'Amboise, gouverneur de Milan, ami, admirateur et protecteur de Léonard de Vinci, fit venir en France le meilleur des élèves de ce dernier, nommé Andrea Solari, pour décorer de peintures principalement son fameux palais de Gaillon. Un autre neveu du ministre fit exécuter, par le célèbre Arnaud de Mole, les magnifiques vitraux coloriés de la cathédrale d'Auch. Paganini, de Modène, fit de fort belles statues pour la cathédrale de Nantes; sa grande habileté lui valut l'honneur d'être désigné pour exécuter le tombeau de Charles VIII.

François Ier aimait aussi les beaux-arts, et, lorsqu'il vit pour la première fois la Cène de Léonard de Vinci, il en fut si enthousiasmé qu'il consulta les plus habiles ingénieurs pour savoir si l'on pouvait scier le mur sur lequel elle est peinte pour l'emporter, sans même observer les frais que cette opération coûterait; mais, d'après l'avis qui lui fut donné, en entendant que cette opération ne pourrait pas réussir, il se contenta de donner à Léonard de Vinci le

titre de peintre du roi, et de le conduire en France
où il lui alloua une pension de 700 écus d'or, et
c'est ainsi qu'il put posséder plusieurs œuvres de ce
grand artiste. Léonard de Vinci ne fut pas ingrat :
il aimait et estimait beaucoup François Ier, et l'on
sait que ce fut dans les bras de ce monarque qu'il
rendit le dernier soupir. Quelle particularité vraiment singulière ! Léonard de Vinci, ainsi que ses
élèves, se maintinrent toujours égaux dans leurs
œuvres et ne laissèrent aucune trace de décadence,
même dans l'âge le plus avancé.

François Ier invita aussi André del Sarto à la cour
de France déjà envahie de ses madones ; ce fut en l'année 1518 qu'il s'y rendit et qu'il exécuta de superbes
tableaux commandés par le roi ; mais, ne pouvant
rester éloigné de sa femme qu'il aimait à la folie,
François Ier le fit retourner dans son pays ; un de ses
meilleurs élèves Andréa Squazzola resta et fit avec
beaucoup de succès de beaux tableaux. Le fameux
Benvenuto Cellini trouva en France un magnifique
accueil et exécuta des œuvres admirables, parmi lesquelles un grand bas-relief et un Christ en marbre ;
mais l'esprit turbulent et la jalousie de cet artiste le
portèrent à des querelles si graves qu'il fut obligé
de retourner en Italie, quoique naturalisé Français
et possesseur d'un magnifique château que le roi
lui avait donné.

Le Primaticcio fut demandé par François Ier au

duc de Mantoue pour diriger l'ornementation du
palais de Fontainebleau, en 1531 ; il fit là de très-
beaux stucs et des fresques, et fonda même une
école pour enseigner ces deux arts ; cependant
le Rosso était déjà, depuis un an, directeur de la
fabrique, et voyait de mauvais œil le Primaticcio
qui était d'un caractère orgueilleux, et l'animosité
entre ces deux artistes durait depuis neuf ans lorsque
François Ier, malgré la protection d'une de ses maî-
tresses, fut obligé de congédier le Primaticcio, avec
la charge d'aller recueillir en Italie les plus beaux
morceaux d'antiquités, de calquer les meilleurs
monuments, et d'en donner des reproductions
coulées en bronze ; c'est ce que le Primaticcio exécuta. Le Rosso étant mort au bout d'un an, le Primaticcio reprit le même poste qu'occupait son rival ;
il exécuta de fort belles œuvres, et le roi, pour le
récompenser, lui donna la riche abbaye de Tours.
Il continua dans la même charge et dans ses travaux
à fresque comme dans l'ornementation même, sous
les règnes de Henri II et de François II, aidé par
d'autres artistes italiens, tels que Nicolo dall' Abate,
Prospero Fontana, Domenico del Barbiere et il Ponzio. On lui attribua à tort le tombeau de François Ier,
à Saint-Denis, qui fut exécuté par Philibert Delorme,
de Lyon. Sous ces deux règnes, nous devons placer
les sculpteurs suivants qui sont une des gloires de
la France : Bachelier, de Toulouse, qui étudia sous

Michel Ange avec beaucoup de bonheur ; de retour en France, il tenta par la parole et par ses œuvres en sculpture et en peinture de détruire le style gothique, qui dominait alors ; malgré tout son bon vouloir, il ne put y parvenir, et, même après sa mort, ses œuvres de sujets sacrés furent de suite peintes et dorées. A la même époque, Jean Goujon se rendit en Italie, et, appréciant toute la beauté des chefs-d'œuvre qui venaient d'être produits, devint un sculpteur de beaucoup de goût et plein de grâce, et, à raison de ces deux éminentes qualités, fut surnommé le Phidias de la France ; cependant, dans le genre sacré, il ne fit pas beaucoup d'œuvres, et ces dernières malheureusement ne sont pas les plus belles, d'autant plus qu'elles se ressentent, nous ne dirons pas de la décadence, mais bien de l'exagération et de la grâce. Germain Pilon fut plus heureux dans l'art chrétien : élève de son père qui lui apprit les principes de l'art, il fut un de ceux qui suivirent les traces de Michel Ange ; quoiqu'il ne fût jamais allé en Italie, ses œuvres se distinguent par le style correct, par le bon goût et beaucoup de sentiment ; il travailla énormément et bien pour les églises de Paris et de la Normandie, se distingua dans l'exécution du mausolée de Guillaume Langey du Bellay, dans la cathédrale du Mans. Les bas-reliefs qui ornent ce tombeau sont si finement travaillés qu'ils frappèrent Catherine de Médicis qui lui commanda le mausolée de Henri II, sur les dessins de Philibert Delorme. Dans cette œuvre il mit tant d'étude et de soins qu'on peut dire qu'il se surpassa lui-même. Dans le monument érigé à François II, il exécuta les huit bas-reliefs qui entourent la voûte et qui en sont l'œuvre principale, et que, par erreur, l'on a longtemps attribués à Primaticcio ; il sculpta aussi le mausolée du chevalier Birague.

La renaissance fit aussi des progrès en Allemagne : l'on peut citer Van Eyck, de Bruges, l'inventeur de la peinture à l'huile et l'ami du roi René, Memlink, Jean de Mabuse, Quentin Metzis et une foule d'autres.

DE LA MUSIQUE SACRÉE EN FRANCE

La musique sacrée fut, à la cour de France, non-seulement bien accueillie, mais encore très-favorisée, comme nous l'avons déjà prouvé. François Ier, Charles IX continuaient l'œuvre de leurs prédécesseurs, nourrissant ainsi pour elle une grande prédilection et ne dédaignèrent pas, eux aussi, de s'unir aux chanteurs de la chapelle pour y chanter les psaumes et les messes. Il était tout naturel qu'un

grand nombre de Français, doués de bonnes dispo-
sitions, s'appliquassent avec ardeur à l'étude de la
musique et cherchassent à se créer, dans cet art, une
réputation qui pouvait les aider à devenir maîtres de chapelle ou chantres. Si la faveur royale,
qui donnait tant d'émulation, ne fut pas la première
cause de cette continuation de l'art, l'on ne peut nier
qu'elle en fût une des principales, qui fit fleurir en
France la musique sacrée; mais il faut observer
aussi qu'après l'invention, en Italie, des drames
musicaux et des ariettes profanes, François Iᵉʳ et
ses successeurs voulurent, eux aussi, par divertis-
sement, dans leur cour et dans leurs réunions
diplomatiques, introduire cette innovation qui, quoique chose innocente en elle-même, contribua cependant à la corruption de la musique sacrée.

Les maîtres de chapelle, invités à composer la
musique profane pour obtenir les faveurs de la cour,
durent naturellement s'abandonner à l'inspiration
analogue au sujet; ce fut ainsi que, se voyant favori-
sés, les maîtres de chapelle et les chanteurs ornèrent
la musique de phrases théâtrales et d'excessifs embellissements mondains. Cependant, au milieu de ce
principe corrupteur, Jean Manton, élève du célèbre
Josquin, qui fut directeur de la chapelle royale sous
François Iᵉʳ et Louis XII, se maintint exempt de ce
défaut. Il composa, en 1509, plusieurs messes et
motets qui obtinrent l'approbation de Léon X et

de ses successeurs ; ses œuvres sont encore très-estimées de nos jours.

Antoine Subiès, surnommé Tardot, chantre de la chapelle royale, puis nommé archevêque de Montpellier pour avoir amélioré l'école d'Avignon, dans laquelle il avait été élève, fut aussi un de ceux qui contribuèrent le plus à maintenir la bonne musique sacrée en fleur.

Charles IX fut ce monarque qui fonda une espèce de conservatoire, dit des Saints-Innocents, pour former les chantres de la chapelle.

Enfin, nous devons signaler Ducauroy, maître de chapelle de Charles IX, puis d'Henri III et d'Henri IV, lequel, par ses magnifiques compositions musicales, fut appelé le *prince de la musique*. Nous n'avons pu recueillir de lui d'autres notices que celle-ci : de tant de compositions il ne reste qu'une messe de *Requiem* à quatre voix, mais sans orchestre, qui ne fut introduite dans les églises de France que le siècle suivant.

PEINTURE, SCULPTURE ET ARCHITECTURE

EN ESPAGNE

La peinture spécialement eut en Espagne un grand développement et s'éleva à un haut degré d'importance par les œuvres de plus de quatre cents peintres, grâce à la protection efficace que Charles-Quint et ses successeurs accordèrent aux artistes. Les rois espagnols, outre les honneurs qu'ils octroyaient aux nombreux artistes qui florissaient sous leurs règnes, en leur faisant de belles commandes où ils purent se distinguer, ambitionnaient même de faire venir à leur cour les plus grands maîtres, principalement de l'Italie et de Flandre, et formèrent avec leurs œuvres une des meilleures galeries du monde; mais lorsqu'ils ne pouvaient avoir chez eux certains artistes, ils leur faisaient de splendides commandes, et c'est ainsi qu'ils purent enrichir de chefs-d'œuvre leur résidence royale. — La grande école espagnole se forma par le contact des artistes espagnols avec les plus fameux peintres étrangers, et de l'étude et de l'imitation de leurs œuvres, dont était orné l'Escurial. Le fond de l'école espagnole est donc italo-flamand. — Les artistes espagnols réussirent à merveille et devinrent fameux dans le coloris et dans le massif et solide empâtement des couleurs. Ils ont une franchise de touche magistrale et large, et un faire grandiose qui ne ne manque pas d'expression.

Les artistes espagnols dans le choix de leurs types n'ont pas su cependant se délivrer du tout de leur caractère national altier et sévère, et par ces motifs réussirent davantage à exprimer des caractères forts et fiers, plutôt que délicats.

Pendant la vie de Raphaël, la peinture en Espagne était encore comme au temps de Cimabuë, et les christs et les saints espagnols étaient représentés comme de vrais squelettes avec des têtes repoussantes, et des physionomies ignobles. Les premiers qui tentèrent la salutaire réforme furent les suivants. Les précurseurs de Moralès furent Cuevas, a qui succéda Ortéga, duquel on conserve encore une voûte peinte par lui avec un certain goût et du sentiment dans le chœur de l'Église de Notre-Dame-de-la-Merci, à Madrid. Jean de Villoldo fut celui qui contribua cependant à secouer le joug moresque. Il fit divers tableaux dans la chapelle arabe de Tolède, sa patrie, en compagnie de Amberes déjà âgé à cette époque, et du vivant de Raphaël peignit une chapelle dans Madrid dans laquelle l'on voit déjà la correction du dessin jointe à beaucoup d'expression. — Berruguete, contemporain de Amberes, fut architecte, sculpteur et peintre : ce fut celui qui avança le plus dans la régénération. Il étudia sous

Michel-Ange et lia d'intimes relations avec Andréa del Sarto et Bernardo Castello. Il fut le premier qui porta en Espagne les bons principes du dessin, des belles proportions, le bon goût, le grandiose et la noblesse des formes. La protection de Charles-Quint lui servit à répandre par l'exemple les bons principes, qui en peu de temps produisirent des fruits excellents, puisque deux ou trois ans après surgit Moralès dit le divin, non tant parce qu'il ne traita que des sujets sacrés, que parce qu'il sut donner à ses figures une expression noble et vraie, une grâce et une ingénuité telles, qu'on dirait des portraits pris au ciel. Il eut un coloris titianesque, il sut copier la troisième manière de Raphaël, et était extrêmement vigilant et soigneux dans ses œuvres. Ses *Mater Dolorosa* et ses *Ecce Homo* sont si bien conduits qu'ils paraissent vivants et attirent les larmes. Deux erreurs existent encore aujourd'hui sur ce grand artiste : beaucoup croient que ce peintre est sec et dur comme Mantegna et Albert Durer, tandis qu'au contraire il est grandiose, charnu, et morbide par son extrême fini ; en second lieu, l'on croit qu'il n'a fait que de petits tableaux, tandis qu'il a peint des devants d'autels très-appréciés. Son chef-d'œuvre est précisément le grand tableau représentant la sainte Véronique dans l'église des Carmélites déchaussées à Madrid, puis un *Ecce Homo* pour les religieuses du Corps du Christ ;

une grande Mise au tombeau dans une église de Cordoue, et beaucoup d'autres tableaux sur bois pour l'église de Badajoz, sa ville natale.

D'autres artistes, contemporains de Moralès, contribuèrent au progrès et au perfectionnement de l'art. Ceux-ci furent *Fernandez Navarrete*, Villegus, *Joanès* et *Becerra*. Le premier, dit le Muet, pour cette infirmité qu'il contracta à l'âge de deux ans, fut envoyé jeune en Italie et après en avoir parcouru les villes principales s'arrêta à Venise, où il entra dans l'école de Titien, et y fit de tels progrès qu'il atteignit presque le maître, ce qui lui fit donner le surnom de Titien espagnol. En effet, son coloris est vivace, son dessin est correct, et il y a quelque chose de si sublime dans l'expression religieuse, que beaucoup de connaisseurs disent qu'il a en cela surpassé les autres Espagnols. Il fut chargé par Philippe II des peintures du monastère et de l'église de l'Escurial. Il fit cadeau au roi d'un très-beau Baptême du Christ, il fit aussi une Assomption et huit autres tableaux merveilleux qui furent malheureusement dévorés par un incendie. Célèbre est aussi une de ses Saintes Familles dont les têtes sont du plus pur idéal. Cependant, parmi ses nombreux tableaux d'église, son chef-d'œuvre est le Martyre de saint Jacques. Quelques années avant Fernandez Navarrete, apparaît un autre Fernandez Giacomo, qui déjà, en peignant la chapelle de Saint-Pierre à Séville, s'était délivré du style antique. — Le second, nommé Villegus, est regardé comme un des plus grands peintres de l'Andalousie ; on trouve déjà chez lui, outre un bon dessin, de belles poses et beaucoup d'expression dans les figures ; il réussissait admirablement dans les raccourcis. Ses travaux les plus recommandables sont *l'Annonciation* et un *saint Lazare*. — Joanès est le chef de l'école de Valence, école qui donna de très-grands peintres. Il était doué d'une âme douce et extrêmement religieuse ; comme Frate Angelico, il cherchait dans la ferveur de la prière à échauffer son imagination, et à s'inspirer de l'esthétique religieuse. Aussi étudia-t-il consciencieusement les chefs-d'œuvre de Raphaël, et réussit-il à donner à ses figures de la noblesse et de la majesté ; mais, quoique correct et franc dans le dessin, son pinceau est timide. Ses compositions, toutes sacrées, sont au nombre de quarante et se trouvent presque toutes à Valence. Il fit pour la cour deux tableaux importants. On cite comme ses meilleures œuvres un *Christ mort soutenu par les anges*, le *Christ entre deux prophètes*, *saint François de Paule*, une *grande Cène* et *l'Histoire de saint Étienne* en six grands tableaux. Le quatrième enfin est Becerra, qui fut peintre, sculpteur et architecte, étudia Raphaël, puis se fit élève de Michel-Ange, devint bientôt le digne élève de tels maîtres et fit à Rome un très-beau ta-

bleau, *la Nativité du Christ*, à Santa Trinità dei
Monti ; de retour en Espagne il s'adonna de préférence à la sculpture, exécuta un *Christ* colossal
pour le monastère de Saint-Jérôme à Zamora, un
saint Jérôme en statue et en bas-relief, œuvre très-
recommandable ; on cite aussi de lui une *Madone
entourée d'anges* ; ce tableau est si beau que l'on
croit en Espagne qu'il a été peint par les anges.
En architecture, on cite une œuvre de lui : la restauration de la cathédrale d'Astorga. A propos
d'architecture, au commencement de ce siècle vécut
un certain Jean de Pozo, chanoine, qui fut un architecte distingué ; parmi ses œuvres on cite le couvent
des Dominicains. Pietro del Pozo, son cousin, édifia
l'église des Jésuites à Cuença. Enfin l'on cite aussi
Valderiva, qui érigea à Ubeda l'insigne chapelle du
Saint-Sauveur, et fit les dessins de l'église de Jaen,
ainsi que la chapelle de Saint-Jean à Baeza.

Loin de s'arrêter à Moralès, l'œuvre de la régénération trouva des continuateurs, car presque tous
les dix ans on vit surgir d'autres fameux artistes qui
ennoblirent l'art et rendirent l'Espagne grande. De
suite après Moralès apparaît en scène Carbajal, qui
à l'âge de vingt-quatre ans était déjà si avancé dans
l'art du dessin et dans la peinture que Philippe II
le choisit, ainsi que deux autres artistes distingués
et fort âgés, pour peindre les anges du grand cloître
de l'Escurial, et ce qui est le plus important c'est

qu'il fut trouvé supérieur à ses deux émules. En outre, il peignit à Tolède l'autel major de la nouvelle église des Minimes, et d'autres tableaux d'église très-estimés. Mais arrivons bien vite à un génie qui tient de l'italien, Cespèdes, qui fut célèbre linguistique et philologue, tout en étant grand peintre, sculpteur et architecte. Quoique chanoine, il s'appliqua avec ardeur à l'étude des beaux-arts, fut deux fois en Italie, et eut des relations avec Michel-Ange. A la mort de ce dernier, il s'unit à ses élèves et à Zuccari, et fit de tels progrès qu'à Rome même il fut invité de préférence à d'autres artistes nationaux distingués pour peindre des fresques à l'église Santa Trinità dei Monti et à *l'Ara Cœli*. A Cordoue, sa patrie, il fit une *Cène* fameuse, d'un coloris si délicat qu'on dirait un Corregio. Il en peignit pareillement une à Santa Chiara, et fit beaucoup de tableaux à fresque et à l'huile estimés, dans lesquels brillent l'expression, la vie, un beau dessin, un coloris agréable et de magnifiques nus. Il écrivit diverses œuvres artistiques qui ont été perdues. — Orrente qui, au contraire, préférait le coloris de Bassano, voulut devenir son émule, et il y réussit dans les deux tableaux représentant saint Sébastien et saint Ildefonse, qu'il fit pour la cathédrale de Tolède, et qui passent pour ses chefs-d'œuvre, ainsi que dans huit sujets bibliques pour les Visconti de Huertas. A cette époque vivait Mora

Francesco qui donna le plan d'une église de l'Escurial et qui rectifia le cloître de San Philippo il Reale. Cet artiste ne doit pas être confondu avec un certain Mora, peintre distingué qui termina la grande Cène commencée par Joanès dans le réfectoire de Valence, ce qui lui valut de grands éloges.

Nous n'oublierons pas de mentionner Giovanni Toledo, peintre des célèbres fresques du cloître capitulaire de la *sainte église de Tolède;* Ribalta, qui resta en Italie pendant quatre années à étudier Raphaël, les Carrache, et spécialement Sébastien del Piombo, et apprit de ces maîtres le dessin correct, le faire large, le bon empâtement des couleurs et l'anatomie. L'on admire de lui une Cène de communion de l'évêque Jean de Ribera pour le collége du *Corpus Christi*. — Carducho ne dédaigna pas d'en faire une copie; Madrid, Valence, Tolède, etc., sont fières de posséder de ses tableaux. Giovanni Ribalta, son fils et son élève, le surpassa dans la morbidesse du coloris, dans l'exactitude des contours et dans la légèreté de touche. Il travailla beaucoup et très-bien : il suffira pour sa gloire de citer le chemin de la croix à Saint-Michel-des-Rois, à Valence, les figures de saint Pierre et saint Jacques, le bon Larron, saint Augustin, saint Isidore, saint Sébastien et sainte Cécile dans le monastère de Saint-Jérôme à Valence. Citons enfin un dernier peintre appartenant à l'époque que nous venons de parcourir : Castillo Agostino de Séville, lequel se fixa à Cortona où il eut la réputation de peintre coloriste ; son chef-d'œuvre est l'Adoration des Mages qui se voit à Cadix. Antonio del Castillo, son fils et son élève, fut bon dessinateur et coloriste, il travailla beaucoup pour la cour de Madrid, mais il ne fit d'autres œuvres sacrées qu'un tableau pour l'église de Saint-François de Cordoue, et un saint François qui est son chef-d'œuvre ; lorsqu'il vit quelques-uns des tableaux de Murillo, il en fut tellement saisi, et en ressentit si vivement les beautés qu'il ne voulut plus toucher les pinceaux et en mourut de chagrin.

Nous pouvons placer à cette époque les deux Herrera, peintres du roi Alfonse ; de Herrera, né en 1569, on ne connaît que six magnifiques tableaux dans l'église paroissiale de Villa Castia. Herrera, dit le Vieux, était né en 1576 ; on raconte de lui beaucoup de choses étranges. Il était doué d'un grand génie, mais en même temps d'un caractère intolérant et intraitable, ce qui le fit abandonner par tous. Il exécutait ses œuvres avec la vélocité de l'éclair ; il était franc et sûr dans sa touche, grandiose et riche dans ses compositions, sublime dans l'expression, magique dans le coloris. Cet artiste n'est pas resté loin derrière Michel-Ange et Caravagio.

SIXIÈME ÉPOQUE

DÉCADENCE

PEINTURE EN ITALIE, DU XVIIE AU XIXE SIÈCLE

Introduction : Décadence de la peinture. — Peinture école italienne.
— Peinture dans les Flandres et la Hollande. — Architecture en
Italie. — Sculpture en Italie. — Musique sacrée en Italie. — Poésie.
— Siècle d'or de la France. — Peinture — Architecture. — Sculp-
ture. — Musique sacrée. — Architecture, peinture, sculpture en
Espagne. — Musique sacrée en Espagne. — Musique en Angleterre.
— Musique sacrée en Germanie.

PEINTURE — ÉCOLES ITALIENNES

DE RAPHAEL A NAPOLÉON Ier

Écoles romaine, florentine, siennoise, génoise, napolitaine, lombarde,
bolonaise, parmesane, ferraraise, crémonaise, piémontaise.

INTRODUCTION

L'homme est un être singulier, indéfinissable.
Désireux de la perfection, lorsqu'il a atteint le degré
le plus élevé de ses désirs, il ne prend plus la peine
de se maintenir à cette hauteur tant désirée. Envieux,

passionné de la variété, il se fatigue bientôt des plus agréables sensations et des plus nobles satisfactions pour rechercher de nouvelles idées.

A Raphaël, à tous les plus grands génies que nous avons exaltés dans le chapitre précédent, succédèrent bientôt leurs prosélytes, dotés d'idées grandes, ingénieuses, et abondamment pourvus d'une bonne dose d'orgueil. Ces artistes dédaignèrent de suivre, comme élèves ou comme imitateurs, l'ornière lumineuse déjà tracée. Ils voulurent être originaux, mais de quelle manière le furent-ils? ils glanèrent dans les champs de l'imagination pour ne produire que ce que les sommités de l'art avaient répudié comme inconvenant et anti-artistique. Les déréglements de l'art devinrent leurs thèmes favoris. Les regards fixes et les poses raides furent bientôt substitués aux poses gracieuses et esthétiques. Le difficile remplaça dès lors le beau. La douce harmonie des parties fut sacrifiée à l'ensemble, le goût exquis au fracas des couleurs et au faste des costumes et des accessoires.

L'on met à tort bien souvent le difficile au-dessus du beau; bien plus, on prodigue les louanges aux artistes qui font vite. L'on est impatient de sensations, et l'on accorde trop souvent du génie à l'artiste qui barbouille une toile ou une paroi dans une semaine, au lieu de l'accorder à l'artiste qui, avant de composer, étudie, choisit les types, les modèles, afin de créer dans une année un tableau digne de passer à la postérité.

Les jeunes peintres étaient instruits dans le dessin et dans l'anatomie, mais à force de faire vite, ils abandonnèrent insensiblement l'étude du vrai, et devinrent maniéristes et systématiques. S'ils représentaient des scènes de genre, c'était toujours d'une manière où le laid brillait à côté du beau. S'ils représentaient un vieillard, ils le montraient sous la figure d'un mendiant couvert de plaies; s'ils représentaient une mère, ce n'était pas par le côté délicat et sentimental, mais sous la figure d'une femme qui bat un enfant; devant une belle femme posait un nègre ou un eunuque repoussant ou une vilaine vieille; ainsi toujours les contrastes les plus opposés, autant par la couleur que par la forme, se montraient dans leurs compositions, qui tombèrent dans le conventionnel et dans l'ignoble. L'usage de peindre sur toile contribua à favoriser cette fatale facilité. L'impression obscure des toiles à l'huile s'altérait avec le temps et les ombres principalement devenaient noires et crues.

La littérature tout hyperbolique contribua à gâter le beau de la peinture et de la sculpture sacrée. Les corporations religieuses, les philosophes et les théologiens prétendaient que la peinture et la sculpture sacrée devaient servir à démontrer leurs étranges systèmes et leurs idées métaphoriques, qui conduisaient l'art à l'antique barbarie, ou, pour mieux dire, à une simple représentation hiérogly- phique, et rien de plus. Ainsi la représentation de la Vierge au pied de la croix, ou le buste seul avec les mains jointes et les yeux élevés vers le ciel en signe de résignation, ne plaisait plus.

Ces scènes trop pathétiques devaient, selon leur système, être représentées d'une autre manière. Ils aimaient mieux voir représenter la Vierge, avec une ou sept épées plongées dans le cœur, et le divin Jésus montrant son cœur ceint d'une couronne d'épines et une croix environnée de flammes plantée au milieu ; il en était de même du cœur de la Vierge, comme aussi des saintes peintures réduites à ne représenter que de simples symboles. Que dire au sujet de la représentation des martyrs, des apôtres ou des saints? Les premiers étaient représentés d'une manière rebutante, et toutes ces peintures, au lieu d'édifier les fidèles, les familiarisaient avec le sang, avec les tourments, avec les fautes, à côté de la gloire des saints, ce qui rappelait aux fidèles les vices passés et les hérétiques brûlés.

Il ne faudrait pas croire cependant qu'après tant de clarté, qu'après tant de splendides chefs-d'œuvre créés, tout se soit éteint. Le soleil de Raphaël, ainsi que tous les grands astres qui lui firent couronne, ne s'éclipsa pas précipitamment, mais peu à peu. Même pendant ce déclin, le génie de l'art florentin

révéla les beautés raphaëlesques à quelques grands
artistes dignes d'avoir vécu dans le siècle d'or, et
même lorsque ceux-ci disparurent de la scène, au
lieu de la nuit survint un pâle crépuscule éclairé
à son tour par quelques grands génies, qui cherchèrent à reconstruire et à faire revivre le siècle d'or;
mais ces artistes peu nombreux ne purent suffire
à une si grande entreprise.

PEINTURE

ÉCOLE ROMAINE. — A la mort de Raphaël, les peintres romains furent comme les apôtres à la mort du
Christ, quelque temps abasourdis. Les papes continuèrent d'enrichir le Vatican de peintures en harmonie avec celles de Raphaël. Mais la mort enlevait
bientôt les papes qui faisaient les commandes et les
artistes qui les exécutaient, de sorte que cinquante
années se passèrent avant que l'on pût faire quelque
chose de louable et d'important. Les artistes romains
qui suivirent furent peu nombreux pour continuer
l'œuvre de la grande école, mais beaucoup d'autres
artistes venus d'autres villes d'Italie suppléèrent à
ces vides.

Après la mort de Raphaël, bien peu travaillèrent
à Rome. Livio Agresti, Gerolamo Siciolante, et Marco
da Pino, neveu de Raphaël, même le brave Scipione
da Gaëta, et Luzio Romano, ainsi que Pirro Ligorio,
napolitain, Sammacchini, le Bolonais Fiorini, Porta
della Grafaguara, et Salviati, commencèrent à
peindre dans le Vatican, mais les uns furent surpris
par la mort, les autres furent pressés par les caprices des papes, qui voulaient tout voir fini et bien
en quelques mois; aussi ne laissèrent-ils que peu
d'œuvres dignes de remarque. Muziano da Brescia,
ainsi que ses deux braves élèves Nicolò et Giacomo
Pandolfino da Pesaro, Nebbia d'Arvieto, Gio Guerra
da Modena, et les Zuccari furent les plus fortunés.
Cependant l'art était déjà un peu en décadence, soit
pour le goût soit pour le coloris; mais Raffaellino
da Reggio, quoique mort jeune, le restaura et
laissa un digne élève en Giambattista Pozzo, milanais.

Le Caravagio, Annibale Carrache, Donato di For-
mello et Francesco Allegrini di Gubbio entreprirent
l'œuvre de restauration; Barroccio fut celui qui les
surpassa tous, mais il mourut bientôt, empoisonné
par ses émules. Filippo Bellini d'Urbino, Angelo
Caroselli Romano, Sacchi, le grand Sassoferrato et
sa famille, et le brave Maratta, continuèrent la sainte
entreprise.

L'École florentine figura avec honneur à cette

époque dans la personne de Pietro da Cartona et de
ses élèves, parmi lesquels l'on cite Ciro Ferri ; mais
après ces derniers la peinture alla dégénérant de
plus en plus et tomba dans la décadence.

ÉCOLE SIENNOISE. — Il était bien naturel que dans
cette école éminemment religieuse l'on affectionnât
pour longtemps l'inspiré Perugino et le grand Raphaël. En effet, pendant la vie du prince de la peinture se distinguèrent avec honneur et approchèrent
de près leur modèle Pacchiarotto, Sodoma et son
élève Neroni, Macherino ou Beccafumi, ainsi que
Peruzzi, qui travailla en concurrence avec Raphaël.
Après cette période de gloire pour Sienne et pour
l'art chrétien, nous trouvons vers la fin du XVIᵉ siècle Salimbeni, encore fidèle à Perugino et à Raphaël.
Sorri, son élève, adopta le style vénitien-florentin,
mais Alessandro Casolani voulut se créer un style
original ; un de ses fils, Ventura, étudia le Corregio
et mérita de grands éloges. Puis surgissent Francesco Vanni et Manetti qui arrètent la décadence en
retardant l'avénement du style baroque, et le bon
Astolfo Petrazzi.

Au commencement du XVIIIᵉ siècle la peinture
sacrée descendit de son piédestal pour tomber dans
le baroque. L'on cite cependant, comme un bon peintre, Nasini, compétiteur de Luti.

ÉCOLE NAPOLITAINE. — Cette école aussi se ressentit de la bienfaisante influence de Raphaël. Andrea de Salerne, un de ses élèves, forma trois excellents peintres : Santa-Fede père et fils et Paolillo. A Naples se rendit aussi un autre élève de Raphaël nommé Il Fattore, qui, à son tour, eut Pistoja pour élève. Celui-ci instruisit le bon peintre Curia et Ippolito Borghèse. Deux autres Napolitains, Giovanni Corso et Crisculo allèrent à Rome étudier sous Pierin del Vaga, autre élève de Raphaël, et devinrent de grands peintres. Le second forma Francesco Imparato, lequel, ainsi que son fils, se tourna vers le style titianesque. En même temps que les raphaëlesques, Naples vit fleurir Lama, élève de Polidoro da Caravagio, Ruviale, d'origine espagnole, et Marco Calabrese dit Il Cardisco. Michel-Ange eut pour imitateur à Naples Crisculo fils. Pietro Ligorio, Azzolini et Mazzolini honorèrent leur patrie par leurs belles œuvres. Les autres cités du royaume produisirent aussi de bons artistes : Aquila eut Pompeo et Giuseppe Valeriani ; Arpino, le chevalier Cesare ; Capoue, Pietro Russo ; Lecce, Matteo, etc.

Nous devons citer trois peintres aussi célèbres par leurs œuvres que par leur basse jalousie et leur envie ; ce sont Bellisario, d'origine grecque ; le Tintoret, napolitain ; Ribera dit l'Espagnolet, grand coloriste mais ignoble dans ses types, et Giambattista Caracciolo, les persécuteurs acharnés d'Annibal Carracci, du chevalier d'Arpino, de Guido Reni, de Gessi, et principalement du Dominiquin. De l'école de Ribera sortirent trois bons élèves, Giovanni Do, Bartolomeo Passante et Fracanzani. Caracciolo instruisit sa fille Ariella dans la peinture; elle fut tuée par jalousie par son mari Beltrano, bon peintre. Deux élèves de Caracciolo, Rossi et Francesco di Rosa, suivirent l'école du Guide; le célèbre Massimo Stanzioni, celle des Carracci, et le fameux Francesco di Maria imita le Dominiquin. Le prêtre Calabrèse suivit la manière de Guercino. L'émule de Massimo fut Andrea Vaccaro. Nous ne devons pas omettre, parmi les bons peintres qui vivaient à cette époque, Andrea Malinconico et Bernardino Cavallino, Finoglia, Giacinto, Popoli, et Marullo. Salvator Rosa, quoique excellent peintre de marine et de paysage, sut aussi représenter avec beaucoup de talent des tableaux d'autels dans lesquels règne un sentiment religieux.

Nous voici arrivé à Giordano, dit *Luca fa presto*, le Protée des peintres, qui souvent fit de belles œuvres et imita à la perfection toutes les écoles; il eut pour ami et pour émule Solimène, peintre laborieux et sympathique, qui fit deux bons élèves : Francischiello et Andrea dell' Asta. Parmi les derniers se distingua par ses grands tableaux de grande invention à la manière du Guercino, Sébastiano di Gaeta, qui clôt cette période.

École vénitienne. — Il nous reste à visiter l'Italie supérieure. Nous commencerons par la brillante école vénitienne, qui sut s'abstenir pendant un siècle des ténébreux Michelangelo da Caravagio et consorts. Nous le devons spécialement à Palma le Jeune, peintre au coloris clair, facile et dévot, lequel forma un bon nombre d'élèves qui sont Leonardo Corona, Andrea Vicentino, Santo Perada, Matteo Ponzone, Pietro Malombra, Gerolamo Pilotta, Matteo Ingolo, Novelli, Don Ercole Stroifi, de Padoue, etc.; le second, le limpide et sympathique Padovanino et ses bons élèves, Bartolomeo Scaligero, Giulio Carpione et le chevalier Liberi qui adopta le style corregesque; Antonio Vasilacchi detto l'Alienese, qui à cette époque vint de la Grèce, et devint bon peintre en étudiant Tiziano, Paolo et Tintoretto. C'est aussi de cette manière que se distinguèrent Farinato et son fils, de Vérone. Tomaso Dolabella porta en Pologne le beau style vénitien, lorsqu'il y fut appelé par Sigismond III.

De nombreux artistes étrangers introduisirent leur école dans la Vénétie, tels furent Pietro de Lucques; Federico Cervelli, milanais, le maître de Ricci et de Loth, de Monaco; les deux Romains Ruschi et Nicolo Renieri; Bastien Mazzoni, florentin, et Daniel

Van-Dyck, Suisse. Les artistes suivants mirent bientôt l'école vénitienne en honneur : ce sont Giovanni Contarino, le savant chevalier Ridolfi, Brusasorci, Alessandro Turchi, Lotterini. Brescia, après le grand Moretto, produisit Antonio Gandini, Pietro Moroni, Filippo Zaniberti, Zuyno, Cossale, etc. Dans Bergame, après Lotto et Morone, florissaient Cavagna et Lomo ; et, pour propager les saints principes au milieu de la corruption, figure Enea Salmeggia, homme religieux, correct dans le dessin, qui imita Raphaël. Venise, très-riche, à cette époque fut inondée de peintres étrangers maniéristes, mais elle vit aussi surgir des artistes qui tinrent toujours allumé le feu sacré de l'art chrétien. Nous signalerons Segala, Trevisani, Bellucci, Piazzetta, Amigoni, Balestra, et le fortuné Cignarolli, qui de son temps fut trouvé et honoré comme un second Raphaël. L'école vénitienne se ferma avec Pietro Rotari, appelé à la cour de Russie, et Tiepolo, peintre facile, brillant, ingénieux, mais vulgaire dans ses compositions et dans ses types.

ÉCOLE FERRARAISE. — Ferrare, située géographiquement entre Venise et Bologne, devait naturellement ressentir l'influence de ces deux grandes écoles.

Elle est fière, au commencement du xviᵉ siècle, d'avoir donné à l'art chrétien les deux frères

Dossi, Garofolo, puis Nicolo Roselli, Cazolaretto, Dielai, l'Ortolano, Gerolamo da Carpi qui imita le Corrége, Camillo Filippo, qui imita Michel-Ange. Sigismondo Scarsella, imitateur de Paul Véronèse, et son fils Scarsellino; ce dernier, dans le coloris et par la grâce, imita la manière de Raphaël. Ricci, un de ses élèves, se distingua le plus, ainsi que Bastaricole et Mona. Jacopo Bambino et Croma fondèrent une académie à Ferrare. De là sortirent le grand Bonone et Ludovico Carrache, ainsi que Rivarola, un de ses élèves, et Nasella. Pendant que Grazzini cherchait le grandiose et le sublime en étudiant Pordenone, Caletti ambitionnait au contraire de s'approcher du Titien. Catanio imitait le Guido, et formait un élève dans Bonetti qui le surpassa. Antonio Richierri suivit la manière de Lanfranc, et Clément Mayola imita Pietro di Cortona. L'habile Scanavini et Parolini suivirent le Cignani, et ces deux artistes ferment cette école.

ÉCOLE DE PARME. — Cette école est la plus pauvre d'artistes de l'époque de la décadence. Après le Corrège et son fils Pomponio, et après les cinq Mazzuola, nous n'avons qu'à enregistrer Rondami, Giorgio Gandini, Pomponio Amidona et Barnabei. Ces artistes, quoique âgés, vinrent à Parme pour étudier le Corrège. Se distinguèrent aussi le Parmesan Bertoja, Tinti, Sammacchini, Badalocchi, lesquels suivaient ou le style vénitien ou le style bolonais, mais n'oublièrent pas totalement Corregio, le soleil de la peinture. Après ces quelques artistes que nous venons de nommer, la peinture entre dans la plus ténébreuse décadence : cette école se ferma avec le bon peintre Ruta, l'abbé Peroni, Pietro Ferrari et Taglia Sacchi.

ÉCOLE LOMBARDE. — Luino fit peu d'élèves, Aurelio Luino et Pietro Gnocchi, et même Gaudenzio Ferrari n'eut que Lanino et Della Cerva. Outre les élèves déjà nommés de Leonardo de Vinci, nous devons mentionner Lomazzo, qui cependant alla à Rome et prit le style michelangelesque qu'il sut confondre avec le sien. Plein de génie et d'érudition, il exécutait des œuvres magistrales et riches d'accessoires, mais malheureusement devint aveugle à trente-deux ans et ne put que dicter les préceptes de la peinture et la biographie et les mérites de ses contemporains [1]. Il forma néanmoins un très-bon élève nommé Figino et ainsi finissent les écoles puristes. A Milan, travaillèrent les frères Semini, Génois, et ces derniers instrui-

---

[1] C'est dans une chapelle de l'église de Saint-Marc, à Milan, et sur une des magnifiques fresques de Lomazzo, que l'abbé Malvezzi a fait, devant le corps académique de Milan, l'opération d'enlever le nitre qui avait recouvert ces magnifiques peintures et d'en faire revivre les couleurs. On peut les voir aujourd'hui dans le même état où elles étaient lorsqu'elles ont été peintes. Il serait à désirer que cette invention fût mise en pratique dans beaucoup de nos monuments.

sirent dans l'art Duchino. De Crémone, les Campi
se transférèrent à Milan, et exécutèrent un grand
nombre de commandes ; cependant ils ne fondèrent pas d'écoles comme les fameux Procaccini.
Le père Ercole Procaccini commença à se faire
connaître, mais Giulio Cesare et Camillo, ses fils,
le surpassèrent. Le premier fut un vrai génie qui
comprenait le style religieux et le grandiose, et
qui étudia avec tant d'amour le Corrège, qu'il
devint le meilleur de ses imitateurs ; mais les
nombreuses commandes qu'il devait exécuter lui
firent négliger les études du vrai, il fit dès lors de
la pratique, et finit par être maniériste. Camillo,
son frère, étudia aussi le Corregio et Raphaël ;
il suffira de dire à sa louange qu'il travailla avec
les Carrache. Tous les deux formèrent de très-
bons élèves, qui les aidèrent de bon gré dans leurs
grands travaux à fresque et à l'huile. C'était leur
ami Mazzuchelli, dit Il Morrazzoni, qui voyagea dans
le centre de l'Italie, et un de ses meilleurs élèves,
il se forma un style entre le schidonesque et le rem-
brantesque. Ce fut dans le terrible qu'il réussit le
plus. Panfilo Nuvolone, de Crémone, ainsi que ses
fils, peintres sympathiques qui contrefaisaient tous
les styles, s'unirent au Procaccini.

A cette époque vivait la Pellegrini, très-habile
dans la broderie et dans les petits tableaux de dévotion ; on la croit élève de Figino. Un autre génie

surgissait dans un village appelé Cerano près Milan,
Giambattista Crespi, artiste de mérite, presque
aussi grand que Velasquez, hardi, franc, plein de
goût, mais un peu contourné, défaut de l'époque
à laquelle il vécut.

Il fut plus heureux dans le fils Daniele qui adopta
une manière plus claire, un dessin plus pur, un goût
plus exquis, et qui à vingt ans était peintre si distingué qu'on l'avait surnommé le Guido lombard. Il
fut enlevé aux arts par la peste de 1630, à l'âge de
quarante ans. Busca, le chevalier Del Cairo furent
les meilleurs élèves du Procaccini [1]. Dans ce temps,
vivaient le chevalier Vermiglio, Carlo Cornaro,
Gillardini, Bianchi Federico, qui épousa la fille de
Giulio Cesare Procaccini. A cette époque, un autre
génie vint de Trente à Milan faire ses premières
études, le Père Pozzi, jésuite, lequel porta l'art de
peindre à fresque et de la perspective au plus haut
degré ; Amunzio se rendit célèbre, comme Fede Ga-
lizia, sa fille, dans la miniature et dans les petits
tableaux de dévotion.

ÉCOLE MILANAISE. — La décadence se fait sentir
davantage avec le maniérisme. Ercole Procaccini

---

[1] Chose vraiment singulière et rare parmi les artistes! Ces peintres
travaillaient quelquefois ensemble sur le même tableau, et se divisaient
le travail selon leur capacité. Nous avons vu à Milan un grand
tableau représentant un martyre dans lequel Giulio Cesare Proccacino,
Cerano et Morazzone avaient travaillé ensemble.

le jeune soutint faiblement la gloire paternelle, aussi d'autres se distinguèrent plus que lui : Zoppo, di Lugano, et plus encore Stefano, Maria Legnani, guidesque et corregesque, les frères Fiammenghini da Tortona, Labbiati et Lanzani. L'école lombarde enfin s'éteint avec un bon corregesque, Ferdinando Della Porta, et avec le chevalier Magatti, de Varèse.

ÉCOLE DE CRÉMONE. — Les Campi, qui travaillèrent tant à Milan, firent cependant dans leur patrie de nombreux bons élèves. Giulio Campi forma le Crémonais Viani, et Lattanzio Gambara. Un autre bon élève des Campi fut Trotti, dit il Malosso. En même temps que les Campi vécurent deux grands peintres de Crémone, Altobello Melone et le corregesque Bernardino Gatti, dit il Sojaro.

Élève de ces derniers et des Campi, le célèbre Sofonisba Anguissola éleva dans l'art de la peinture ses quatre sœurs; deux d'entre elles surpassèrent les autres, mais toutes se distinguèrent non-seulement dans le portrait, mais encore dans les sujets sacrés très-religieux. De Trotti, dit il Malosso, sortirent Lodi, Calvi, etc.; c'était l'époque où florissaient les Panfili, déjà nommés dans l'école milanaise. Puis les Peccenardi portèrent dans Crémone le style carravagesque; Natali le guidesque, ses deux fils devinrent les continuateurs de Pietro da Cortona,

Francesco Boccaccino devint marratesque, et le peintre de mérite Borroni fut le dernier de l'école de Crémone.

ÉCOLE PIÉMONTAISE. — Nous avons dû parler de beaucoup de peintres piémontais dans l'école milanaise, parce que ce fut là qu'ils se formèrent, s'établirent et fondèrent des écoles. Il nous reste à nommer Giorgio Soleri, fils de Lanino, Guglielmo Caccia, dit il Montalto, qui, outre ses deux filles, instruisit dans la peinture Giorgio Alberini, un certain Sacchi, et Nicolò Musso, puis le carrachesque Mollinari, et le bon peintre Claudio Beaumont, qui, vers 1700, fonda à Turin une académie de laquelle sortirent Vittorio Blanseri, Giacinto Aliberti, d'Asti. Tesio, etc., etc.

ÉCOLE GÉNOISE. — Il nous reste à parler de l'école génoise, laquelle par ses artistes distingués retarda l'époque de la décadence, et la fit paraître moins dure.

En 1528, Pierino del Vaga, fuyant du sac de Rome, se réfugia à Gênes où il fut accueilli courtoisement par le prince Doria, qui lui confia la construction et l'ornementation de son palais. Afin d'avoir des aides il fut contraint d'ouvrir une école qui donna spécialement les deux frères Lazzaro et Pantaleo Calvi, qu'il employa dans la fabrication des stucs, et à peindre des sujets mythologiques et historiques. Il eut un autre disciple nommé Barcone, lequel l'égala bientôt en mérite.

L'histoire dit, à sa honte, qu'il voulut se débarrasser de son émule par le poison. Andrea et Ottaviano Semini, instruits par leur père, ne restèrent pas dans l'école de Pierino, mais furent étudier Raphaël et Michel-Ange à Rome, ainsi que les statues antiques, et retournèrent dans leurs pays excellents artistes. Luca Cambiaso voyagea aussi et étudia Mantegna, Corregio et Raphaël, et devint le plus gracieux et le plus religieux peintre de sujets sacrés. Il eut pour ami Castello Giambattista dit *le Bergamasque*. Elève du Cambiaso, outre sa fille, on loue Tavarone, peintre robuste dans les fresques, Bernardo Castelli, peintre fécond, l'excellent artiste Paggi. De ces artistes sortirent Fiasella, qui suivit la manière du Guido, et qui forma un élève distingué comme de Ferrari qui instruisit dans l'art le grand Carbone ; à l'époque de Cambiaso est loué le grand peintre de fresque Ansaldo, qui eut pour élèves Badaracco et Bojardo. Après eux viennent le brave Gauli et Domenico Parodi, le Strozzi dit le Cappuccino et le Clémentone. L'école génoise s'éteint avec Raggi, avec Sichiolante, Boccardi, Campora, Chiappe da Novi, et avec l'artiste Ratti.

École florentine. — De Gênes passons à Florence. Cette ville, qui contribua tant à la formation du siècle d'or, fut celle cependant qui, au milieu de tant de chefs-d'œuvre, se précipita plus promptement que toutes les autres villes vers la décadence, et cela principalement par la faute de Michel-Ange, son divin artiste ; Buonarotti n'a point tous les torts, si ses élèves ne le comprirent point, s'ils ne prirent de son style que la part superficielle et matérielle, s'ils laissèrent de côté l'inspiration, la grâce, le choix des formes, l'expression religieuse, et si peu à peu ils devinrent de pâles coloristes ; mais il est un peu coupable pour sa prédilection envers ses élèves et ses imitateurs. Michel-Ange étant à la tête des plus grandes entreprises d'Italie, et assisté de la protection et de la confiance des papes et des souverains régnants, employait dans tous ses grands travaux ses élèves, au détriment des artistes raphaëlesques et des corregesques, presque tous supérieurs à eux : c'est ce qui fit dire à un auteur que Raphaël avait vécu trop peu pour l'art, et Michel-Ange trop.

Nombreux sont les michelangelesques que produisit le territoire florentin ; parmi eux se distinguèrent Vasari, Zucchi, Poppi, Gherardi, élève de Vasari, et Cherubino Alberti, élève de Daniel, de Volterra. Ces artistes produisirent dans le principe de belles œuvres, mais peu à peu ils se négligèrent, et travaillèrent routinièrement pour pouvoir satisfaire aux nombreuses commandes et gagner beaucoup.

Tous ces artistes eurent d'excellents contemporains comme Salviati et Jacopo del Ponte, élève de Andrea del Sarto, et Bronzino, élève de Pontormo, Buontalenti, Santo de Titi, Ciampelli, Buti, Ciarpi, Balducci, etc.; mais ceux-ci durent, pour trouver de l'emploi, suivre le style michelangelesque; ainsi durent s'adapter à ce style Gamberucci, Macchietti, Pocceti, Maso de S. Triano, Fei, Pietro Francia, les deux Carducci, Paolo Guidotti, de Lucques, et Pomarance.

A cette ère de décadence purent se soustraire d'excellents peintres florentins qui, ne prenant point seulement Michel-Ange pour modèle, mais encore Raphaël, Corrège, Paul Véronèse et Titien, parvinrent à relever la peinture. Ces nombreux réformateurs sont : Cigoli avec ses élèves, Cristofaro Allori, Bosselli et son élève Giovanni de San Giovanni[1],

---

[1] Lanzi attribue à ce peintre la *Pazza Novità delle Angiolesse*. Mais nous voyons les Angiolesse introduites avec succès dans l'école florentine du xv⁰ siècle et dans la savante école de Mantegna. Dans la chapelle du pape, à Rome, existe une très-belle fresque de Guido Reni, représentant la vierge Marie qui coud au milieu de deux gracieuses Angiolesses, dont l'une des deux apprête un nouveau travail, tandis que l'autre admire celui qui se fait. Peinture surprenante; idylle sacrée, belle et instructive, qui représente d'une manière admirable ces deux vertus : Innocence et Travail. Cette fresque est gravée. Appiani, peintre milanais du commencement de ce siècle, a introduit dans ses compositions les Angiolesses. L'abbé Maloezzi possède une belle répétition de ce tableau du Guide.

Volterrano Juniore. Furini, le sympathique et fini
Carlo Dolce, Sassoferrato, de l'école florentine, et son
brave élève Agnès, sa fille, ainsi que Lomi, Mancini,
Marinari. Dans le même temps Ligozzi porta à Florence l'école vénitienne et la fit goûter ainsi que son
excellent élève Mascagni. L'on vit se distinguer alors
Gentileschi et sa fille Artemisia et Biancucci, qui
parvinrent à faire goûter le suave style guidesque. Le
Dominiquin est honoré par son élève Orazio Rimi-
naldi, et le style paolesque est bien représenté par
Pietro Paolini, de Lucques. Sur la scène de la peinture apparaît Pietro de Cortona, qui attire tous les
regards et se fait applaudir. Les d'Andini l'étudient
avec bonheur, mais Gabbiani et son élève Lutti
sont les deux qui se distinguent encore le plus dans
ce style. En attendant apparaît un bon peintre de
Florence, Gherardini, et beaucoup d'artistes étudient
à Bologne, sous Gioseffo del Sole, et portent dans la
cité un autre style qui plaît aussi. Les villes floren-
tines donnent quelques bons peintres. S. Sepolcro
vante Gian Battista Mercatti; Arezzo, Castellucci;
Pistoie, Germiniano et Cipriani; Lucques, les frères
Marracci, Colli, Gherardi et autres. Le soleil artistique de Florence eut deux grands rayons en
Lombardi et Battoni, qui tentèrent vainement
d'éloigner leurs confrères du maniérisme et de les
ramener dans la bonne voie, mais ils ne purent y
parvenir.

École bolonaise. — L'École bolonaise ne se courba pas sous le souffle de la décadence ; tandis que toutes les écoles étaient à la recherche de nouveaux styles et s'adonnaient au maniérisme, ses artistes devinrent les chefs d'écoles de toute l'Italie et même de l'Europe et formèrent un nouveau siècle d'or après Raphaël.

Bologne ressentit la première la bienfaisante influence de l'école romaine et florentine, par le Primatice et Nicolo Abati. Pellegrino Pellegrini imita Michel-Ange, mais avec goût et savoir, et par son pinceau pour ainsi dire l'ennoblit; tel fut aussi Passeroti. Prospero et Lavinia Fontana furent peintres de grand mérite, ainsi que Sabattini et Samacchini, maître de ces deux derniers et de ses propres fils, qui figurent grandement dans l'École milanaise, et d'un des Carrache. Son compétiteur était Gessi, avec Tiarini, qu'il faut ajouter au sept flambeaux de cette école, qui sont : 1º Ludovico Tarracci, fils d'un boucher, d'une nouvelle école, grande, habilement empâtée de raphaëlesque, de michelangelesque, de vénitien et de corregesque; 2º et 3º Augustin et Annibal Carrache, un de ses neveux et élèves, fils d'un tailleur; 4º le Dominiquin qui surpassa son propre maître Augustin Carrache : inférieur au seul Raphaël et le plus philosophe dans les compositions sacrées ; auteur de la Communion de saint Jérôme, de la Flagellation de saint

André, du Martyre de sainte Agnès, et de magnifiques fresques à Rome, à Naples, à Fano, etc., etc.;
5 Francesco Albane, l'auteur de gracieuses idylles
sacrées, de Saintes Familles et de beaux Jésus;
6° Guido Reni, le Raphaël de l'école bolonaise et
7° plus tard le Guerchin. Que faut-il de plus?

Ces sept génies étaient artistes par élection, et
cherchaient à s'immortaliser dans leurs œuvres et
à revivre dans leurs élèves, lesquels furent nombreux et grands; ces derniers parvinrent à devenir maîtres d'autres élèves. Sont signalés pour
l'honneur de l'art chrétien spécialement : Sacchi
et Cignani; le premier se distingua à Rome, et le
second dans sa patrie. Parmi les élèves du Dominiquin, nous citerons Barbalunga, Cammusci, et
son fidèle ami Francesco Cozza, calabrais. Guido
Reni fit plus de deux cents bons élèves et dans
ce nombre priment Gessi, Sirani père et fille, Se-
menza, Ercole di Maria, Cantarini, Cerrini, Guido
Cagnacci, etc., etc. — L'Albane forma parmi les
autres élèves Giambattista Speranza, Romano,
Mola, Comasco et Ducci. Guercino, qui exécuta cent
six tableaux d'autels, fit aussi un grand nombre
d'élèves, parmi lesquels Gennari; de l'école des
Tarracci, sortirent aussi Leonello Spada, Garbieri,
Cavedone, Massari, Brizio et le brave et facile
Lanfranco.

La décadence dans Bologne ne commença véritablement qu'après le Guerchin, et même pendant cette période nous citerons avec respect et louange: Lorenzo Pasinelli, et son élève Burrini, le chevalier Del Sole, Milani, Zanetti, le fameux Cignani, fondateur d'une académie, et le non moins fameux Franceschini, son élève, sans oublier Quaini, Boni. Rossi, Giuseppe Crespi et Lazzarini da Pesaro.

PEINTURE DANS LES FLANDRES ET LA HOLLANDE

1577 — 1599 — 1606

Pendant que le goût baroque tyrannisait les artistes italiens et les rendait insensibles au beau religieux, au point de démontrer que la Communion du Dominiquin n'était qu'une bambochade, trois grands génies illustraient les Flandres: Rembrandt, Rubens et Van-Dyck. Le premier, malgré son immense supériorité dans la science du clair-obscur, dans la manière de peindre, dans la nouveauté des compositions et dans le fini, ne sut pas s'élever jusqu'au mysticisme et à l'idéalisme religieux; ses splendides compositions de sujets sacrés sont représentées d'une manière prosaïque et même nous pouvons ajouter inconvenante ; ses personnages sont vrais, mais pris sans aucun choix dans la masse du peuple. Ce sont des portraits ressemblants mais

vulgaires. quelquefois laids et vêtus à la manière de
son époque; même les portraits du Christ, de la
Vierge, des anges, des apôtres sont représentés
d'une manière triviale sous ces faces ignobles ; on
ne voit pas la sainteté. Ses Christs et ses anges,
suivant une phrase lombarde, sont des paysans ou
de sales Juifs, habillés en Christ ou en anges. L'on
ne peut cependant contester à Rembrandt, dans le
style profane, le haut rang qu'occupe son génie.
rang si élevé que personne ne saura le détrôner.

Rubens ne fut pas aussi profond dans l'art que
Rembrandt. mais il fut plus élevé. Parmi les cinq
cents tableaux de sujets sacrés qu'il a peints, un
tiers au moins sont des œuvres dans lesquelles
existe un sentiment religieux : il est à remarquer
qu'il peignit ces tableaux avec célérité, et qu'il prit
pour modèles, en Italie, Titien. Paul Véronèse et
Michel-Ange. La Descente de Croix. l'Assomption.
saint Ignace, saint François-Xavier, ce dernier tableau seul, ainsi que ses nombreuses Saintes-Familles, suffisent pour illustrer Rubens et son pays natal.

Van-Dyck, moins fécond que Rubens, mais plus
étudié, et plus profond dans l'esthétique, produisit
des tableaux religieux d'un grand mérite, qui le placent à la même hauteur que son maître Rubens. Ces
trois grands artistes eurent de nombreux élèves qui
firent de belles œuvres, mais aucune d'elles n'atteignit celles de leur maître.

Avant ces trois grands génies, brilla, dans les Flandres, François Floris, qui suivit les traces de Raphaël, et qui produisit beaucoup de tableaux d'églises qui respirent la grâce et la dévotion.

———

ARCHITECTURE EN ITALIE

Du xviie siècle au xixe siècle

STYLE BAROQUE

INTRODUCTION

Comme ce style est peu connu en France, et souvent confondu avec le style de la renaissance, nous lui consacrons un article spécial, avant de parler des architectes italiens qui corrompirent le beau style, et traînèrent dans la boue le noble art de l'architecture.

Michel-Ange créa un style classico-colossal, et un style d'unité qui embrassait tout l'édifice ; mais cependant, en architecture, il ne surpassa ni Bramante, ni Raphaël, ni San Gallo, ni Perruzzi, etc. Ce fut Michel-Ange qui, dans la peinture, comme dans la sculpture et dans l'architecture, commença à donner une plus grande valeur à la forme matérielle, plutôt qu'au beau idéal; au grandiose et au colossal, plutôt qu'à l'expression morale. Ses contemporains profonds et ingénieux, afin de lui plaire, parce qu'il était très-puissant auprès des papes et

des princes, imitèrent son style, qui, à la fin de ses
jours, commença à devenir lourd et matériel. Ces
architectes, une fois bien installés, s'abandonnèrent
à leur talent, et pour frapper les masses et par
amour de nouveauté, commencèrent à surcharger
les palais et les églises, extérieurement et intérieu-
rement, d'ornements de tous genres : ils imaginè-
rent que ces deux espèces d'édifices fussent parés
comme dans les jours de grandes fêtes, et les déco-
rèrent d'embellissements pour de telles cérémonies;
ainsi, outre les statues, ils introduisirent une quantité de vases en marbre, de candélabres, d'obélis-
ques, de festons, de guirlandes, d'écus, de cartou-
ches soutenus par des génies entourés, puis des
voiles, des tapis, des masques, etc., etc.; c'est là ce
qui constitue la première face du style baroque,
qui ne consiste donc que dans la profusion excessive
d'ornements destinés à produire un effet théâtral et
à étonner par tout cet apparat de différents objets.
Ainsi les édifices construits dans ce style peuvent
encore revenir et se réduire au style pur et classique, par la suppression de toutes ces ornementations charlatanesques, puisque le plan et l'ensemble
ou masse de l'édifice est toujours selon les règles
les plus sévères de l'art. Mais ce style ne se tint pas
là et ne se borna pas à cette exagération de décoration; il arriva bientôt à la bizarrerie, à la licence,
à l'extravagance et à la folie. Malheureusement les

architectes de cette seconde phase étaient doués
d'une imagination extraordinaire et de talents in
ventifs, et étaient entraînés à de nombreux écarts
par le goût même des masses qui étaient devenues
insensibles au style simple et au beau classique et
applaudissaient à toutes les étrangetés qu'elles con-
sidéraient comme des conceptions pleines de génie.
Aussi les architectes produisirent-ils en Italie des
choses inouïes; ils luttaient à qui serait le plus
excentrique. Ils adoptèrent les colonnes tortes, colonnes en forme de tronc, colonnes parties rondes
et parties coupées à dés, plièrent, brisèrent les corniches et les moulures, donnèrent aux façades, aux
fenêtres et aux plans les formes les plus bizarres et
les plus capricieuses et supprimèrent la bonne ornementation pour lui substituer de grandes volutes et
des pièces de tapisseries gaufrées et chiffonnées.

Les architectes baroques furent la vraie peste
du bon goût et du bon sens : ils produisaient de
l'effet et, ainsi applaudis et encouragés, devinrent
extrêmement orgueilleux, mais ils doivent être re-
gardés comme les vandales artistiques. Il n'y a ni
églises ni monuments qu'ils aient respectés : ils ont
tout détruit ou gâté et abâtardi avec leurs caprices,
avec leurs hideuses et dégoûtantes compositions.
Cette seconde phase barbare dura un siècle, c'est-à-
dire du XVIIe jusqu'à la fin du XVIIIe siècle.

Nous parlerons de la première phase de ce style

et des artistes, mais non de tous ceux qui n'eurent aucun mérite, et nous laisserons dans l'oubli les architectes de la seconde époque qui n'ont rien produit de bon, et qui gâtèrent sans pitié tout ce qui était beau et grand.

La province de Côme donna à cette époque un grand nombre d'architectes et sculpteurs de grand mérite et de génie, qui eurent l'insigne honneur de présider à l'achèvement de la basilique de Saint-Pierre de Rome. Giacomo della Porta fut au nombre de ces grands artistes qui se distinguèrent comme architectes dans la restauration de nombreux monuments antiques, dans la construction de beaucoup de belles églises, mais par-dessus tout pour avoir épousé l'idée gigantesque et extraordinaire de Michel-Ange, de la pose de la coupole de Saint-Pierre, et à force d'études et d'épreuves d'avoir réussi. Pour assurer le succès de cette opération, qui tenait du fabuleux et de l'étrange, G. della Porta se fit aider dans cette opération par un de ses compatriotes, architecte profond dans l'art de la mécanique, nommé Domenico Fontana, et leurs efforts furent couronnés du plus heureux succès.

Ce fut ce même Fontana, artiste doué d'un talent extraordinaire, qui, quelque temps après, dressa sur la place de Saint-Pierre le fameux obélisque de Sixte-Quint. Il est inutile de dire que cet homme de génie fut employé dans les œuvres colossales d'architecture, et spécialement dans celles où la mécanique occupait le premier rang. Il n'eut qu'un seul tort, ce fut celui d'avoir appelé à Rome un de ses neveux, nommé Maderno, qui gâta la basilique de Saint-Pierre. Maderno s'était auparavant adonné dans sa patrie à la peinture et était très-habile dans la fabrication des stucs; ce fut pour son grand talent dans cet art qu'il fut appelé à Rome, afin d'aider son oncle dans la décoration d'ornement, soit à Saint-Pierre, soit dans le Vatican et dans d'autres palais. L'oncle, se voyant bien servi par son jeune neveu, en qui il trouvait un talent réel, voulut l'instruire dans l'art de l'architecture et il réussit en effet à en faire un très-bon élève, mais sans être pourvu d'intelligence artistique. Grâce à la réputation de son oncle et à la protection que lui accordait le pape Paul V, Maderno occupa la charge d'architecte de Saint-Pierre, laissée vacante par le célèbre Della Porta. Il eut alors la fantaisie de transformer la basilique de Saint-Pierre, qui était en forme de croix grecque, en croix latine et fut secondé dans une aussi folle entreprise; nous disons folle, parce qu'un tel changement gâta l'admirable harmonie de l'édifice, la coupole ne se trouvant plus placée parfaitement au centre de la basilique. Et pourtant, il n'avait qu'à continuer les dessins de Bramante et de Michel-Ange, qui lui auraient fait plus d'honneur;

mais son amour-propre l'aveugla, et ce ne fut pas
la seule faute qu'il lui fit commettre. Il est l'auteur
de la façade de Saint-Pierre, qui a plutôt l'aspect
d'un palais que d'une église; et le style de décadence qu'on remarque dans cette façade se retrouve
malheureusement aussi dans beaucoup d'églises
qu'il fit à Rome.

Bernini, artiste florentin, doué de grand talent
et de goût, et extrêmement laborieux, fut chargé
d'exécuter les grands travaux devant la façade, afin
d'en atténuer l'effet; par ordre du pape Alexandre VII, il fit la grande place de forme elliptique,
avec un riche portique soutenu par quatre rangs
de colonnes [1], couronné par une balustrade et des
statues, et orné de deux fontaines qui jettent de
l'eau avec une telle abondance qu'elles paraissent
deux fleuves. Bernini, ou le Bernin, fut l'auteur de
nombreuses et belles églises; il fit aussi le campanile de Saint-Pierre, et malheureusement conçut,
pour faire sa cour aux papes, l'idée de remplir le
vide de la coupole par un monument colossal, la
chaire de Saint-Pierre, idée grandiose, mais qu'il
exécuta dans un genre baroque et théâtral. Les
colonnes sont tordues et vitifères; elles soutien-
nent un grand baldaquin, avec anges et festons et
avec les quatre docteurs autour de la chaire. Il au-

---

[1] Les colonnes de granit oriental sont au nombre de deux cent
quatre-vingt-quatre.

rait dû y représenter saint Pierre assis, et, pour un tel monument, il n'aurait pas dû gâter et dépouiller les monuments antiques, et principalement *la Rotonde*, de son ornementation en bronze et de ses statues, afin d'avoir les matériaux nécessaires à cet énorme colosse qui a bien peu de valeur.

Le Baromini, né aussi dans la province de Côme, sculpteur distingué, devint architecte et ami du Bernin, fut d'abord président de la fabrique de Saint-Pierre, puis devint l'émule et le rival, et plus tard l'ennemi du Bernin. Dans son orgueil, il crut en imposer à ce dernier, mais il s'adonna à un genre bizarre, étrange et extravagant, et c'est pour cela que l'on croit communément qu'il est le père du genre baroque, qui cependant était déjà né et adopté, mais point encore poussé au degré où le porta le Baromini. L'on croit communément que le nom de baroque dérive de son prénom, qui était Barocco.

Avant de quitter Rome, nous citerons brièvement les nombreux et bons artistes, élèves de Michel-Ange, qui même dans la construction des églises se distinguèrent spécialement dans cette ville. Un de ceux-ci est George Vasari; Serlio et Riccio furent élèves du grand Peruzzi. Castello de Bergame eut aussi à Rome un grand succès.

Si nous passons de Rome à Milan, nous y trouvons le dôme, la seconde merveille de l'art chrétien.

Solario dit il Gobbo (le bossu), ainsi que son bon élève, et l'autre famille artistique de Fontana, avaient déjà travaillé dans le dôme avec un profond savoir et beaucoup de goût, sans porter aucune atteinte au style gothique. Lorsque saint Charles, dans sa dévotion et sa piété, voulut faire la façade qui manquait et reformer le baptistère et l'autel-major, il demanda les dessins à Tibaldo Pellegrini, architecte, né près de Milan, et qui devint célèbre en peinture et en sculpture à Bologne et à Rome. Les deux dessins furent censurés avec raison par le grand architecte milanais Martino Bassi, parce qu'étant de style gréco-romain, ils détruisaient l'harmonie du temple gothique : la question devint si chaleureuse que le choix fut donné aux architectes les plus distingués de cette époque, comme Palladio, Vasari, Vignola, Bertucci, etc. Ces derniers optèrent en faveur de Bassi. Saint Charles, non-seulement admirateur des talents de Pellegrini, mais encore son ami, laissa tout dire et le chargea de l'exécution des dessins qu'il avait composés. L'autel-major, ainsi que le chœur, furent bientôt exécutés et furent jugés dignes du grand artiste; mais on ne peut l'absoudre de la faute d'avoir mélangé le style de cette magnifique église. Cependant, par amou de la vérité, et au point de vue du génie de l'art chrétien, disons que le tabernacle tout en bronze de cet autel est vraiment une chose admi-

rable et édifiante. Sous un beau temple circulaire
d'ordre grec se trouve le tabernacle orné de bas-
reliefs, représentant des scènes qui font allusion
aux saints Sacrements, et soutenu par quatre beaux
anges à genoux dans l'attitude de la dévotion. Il
exécuta aussi un élégant baptistère, mais dans un
style classique, puis commença la façade qui devait
avoir plutôt l'aspect d'une façade de palais que d'une
église, bien entendu de style gréco-romain [1]. Mais
lorsque survint la peste, l'on ne pensa plus à la
façade de Pellegrini.

Le grand neveu de saint Charles, Frédéric Borromée, pensa, aussitôt après la peste de 1630, à la
construction de la façade, dont il chargea le célèbre
élève de Pellegrini, Richino, en y ajoutant certaines
modifications. Les cinq riches portes furent exécutées ainsi que les quatre fenêtres, et l'on n'attendait
plus, afin de terminer l'œuvre, que les dix colonnes
colossales de granit rose, lorsque dans le transport
la première de ces colonnes fut brisée; alors, déses-
pérant d'avoir les autres, on laissa l'œuvre imparfaite; elle fut achevée par ordre de Napoléon Ier,
qui conserva toutefois ce qui était déjà fait et fit
terminer le reste, partie en style gothique et partie
en style romain. Pellegrini exécuta, à Milan et dans
ses alentours, grand nombre de belles églises; il

[1] Nous avons vu chez l'abbé Malvezzi le dessin gravé et les modifications apportées au dessin original de ses élèves.

se distingua aussi dans la construction des campaniles. Cependant à Gênes, et principalement à Venise, travaillaient grand nombre de bons architectes qui embellirent de nombreuses et superbes églises construites en principe dans un style michelangelesque, qui vers la fin du xviie siècle dégénéra en pur baroque.

Parmi les baroques ingénieux, nous devons signaler Bibienna; mais, fidèle à notre but, nous ne citerons pas tous les architectes qui embellirent d'églises les capitales d'Italie, parce que les meilleurs n'ajoutèrent rien à l'architecture sacrée, et les baroques ne firent que gâter et réduire les églises en splendides salles de fêtes de Baal.

SCULPTURE EN ITALIE

Le style baroque pénétra même dans la sculpture et dans la peinture, comme il avait pénétré dans l'architecture. Les belles lignes correctes et l'expression religieuse devinrent pour les baroques choses secondaires, qu'ils appelaient *Pédanterie*. Les artistes ne cherchaient seulement qu'un peu d'effet dans lequel, à tort ou à raison, l'on devait faire valoir des parties nues avec des muscles gonflés et bien sentis. Ce fut ainsi que les peintres voulaient faire vite, et, pour y réussir, ils s'étaient formé un répertoire ; ils n'avaient que deux ou trois poses au plus, avec une main à l'estomac, et l'autre détachée et ouverte comme dans la prière. L'on jetait sur le corps une espèce de manteau, une façon dont on ne pouvait se rendre compte, et avec certaines cavités, et certains plis curieux sans cesse gonflés par le vent. L'étude du vrai fut laissée de côté, tout se faisait par pratique ; peu à peu un tel système de faire s'introduisit dans la peinture ; le résultat fut que les beaux-arts descendirent si bas, qu'ils devinrent un métier, un mécanisme et une ostentation charlatanesque.

La sculpture cependant, avant de se corrompre entièrement, passa, comme la peinture et l'architecture, par divers degrés. Le soleil qui décline envoie toujours de vifs rayons. Les bons architectes, que nous avons déjà applaudis dans l'article précédent, étaient presque tous aussi d'excellents sculpteurs, et firent des œuvres dont bien peu se détachent du siècle d'or : tels sont Fontana, Della Porta, le Bernin, Baromini, qui exécutèrent de superbes mausolées et des statues en grand nombre pour l'ornement de leurs églises.

Michel-Ange trouva un émule et un rival dans Baccio Bandinelli et Andrea Fusina, qui travailla tant dans le dôme de Milan, fut appelé par la famille

Piccolomini, pour sculpter des statues concurremment avec Michel-Ange. Montorsoli de Florence et Leoni d'Arezzo se distinguèrent à cette époque comme leurs élèves et leurs aides.

Le grand Jean Bologna, imitateur très-distingué de Michel-Ange, ne brilla que dans la sculpture de sujets tirés de la mythologie ou de l'histoire, mais au contraire Andrea Ferracci, da Fiesole, et Michele Maini se tinrent au meilleur style de l'école antique et furent très-estimés. Prospero Clementini suivit une voie différente et se distingua tellement dans la beauté des formes, dans la grâce et dans l'expression qu'il mérita le surnom de Corrège des sculpteurs. Camillo Mariani, de Sienne, est cité avec éloge, et plus tard Manni Angelo, Sicilien, et Taffa, élève de Giambologno. Anibale Fontana, qui fut sculpteur insigne du temps de saint Charles, travailla beaucoup dans le dôme et principalement au chœur de l'autel, qui, comme nous l'avons dit, fut créé par Tibaldo Pellegrini. Agrate, milanais, vivait aussi à cette époque ; parmi ses œuvres on distingue l'admirable statue de saint Barthélemy écorché, que l'on conserve dans le dôme de Milan. Autour de cet édifice travaillaient le peintre Cerano, qui fut aussi l'auteur de la statue de saint Charles Borromée, sur les rives du lac Majeur ; Biffi, ainsi que Vertova, qui modela la statue en argent de saint Charles Borromée, don fait au Dôme par les orfévres de Milan ; Sparoletti, qui fit le pendant de la statue de saint Charles, soit la statue en argent représentant saint Ambroise, par ordre de la mairie de Milan, donné pour servir à l'ornementation de l'autel-major pour les jours de grande solennité. Jules-César Procaccione et Carlo Grassi étaient aussi de bons sculpteurs. Après ces bons artistes l'art de la sculpture se précipita vers la décadence, pour ne plus se relever que quelques années avant l'apparition de Napoléon Ier en Italie.

MUSIQUE SACRÉE ITALIENNE

DU XVIIe SIÈCLE

Tandis que la peinture, la sculpture et l'architecture, infidèles aux belles traditions du siècle du purisme et du siècle d'or, marchaient vers la corruption et devenaient des arts de trivialité et de folie, la musique sacrée, au contraire, marchait triomphalement vers la perfection. Le génie de l'art chrétien voulut que la musique sacrée, comme les autres arts, touchât à la perfection pour donner ici-bas une idée des harmonies célestes.

Un grand et sublime maître du Vatican, nommé Carissimi, ouvrit le XVIIe siècle sous les plus beaux auspices. Il conduisit à une grande perfection le récitatif inventé par Peri, qui réussit admirablement à donner un mouvement plus varié à la basse, qui était trop uniforme. Ces améliorations profitèrent d'une manière toute particulière au célèbre maître Viadana, de Lodi, qui en enseigna l'usage avec profit et lui donna le nom de *Basso continuato*. En 1601 apparaît l'œuvre instructive et élémentaire de musique de maître Scipione Ceretto, de Naples, intitulé : *De la musique pratique, vocale et instrumentale*. De semblables œuvres furent publiées par le Révérend Père Adriano Banchieri, bolonais, en 1609, et le maître du Dôme de Vérone, Stefano Bernardi, en 1615, avec le titre de *Porta musicale*, et ces trois œuvres contribuèrent au rapide progrès de la musique. En attendant, le Ferrarais Gerolamo Frascobaldi, organiste très-renommé du Vatican, introduisit une nouvelle manière de toucher l'orgue, qui est réputée la plus juste et la plus parfaite. Cette méthode consiste à lier (*legare*) et soutenir (*sostenere*) les sons, qui dans ce style s'appellent *legato* et *fugata*. Cette méthode fut bientôt amplement développée avec les règles du *contre-point* (*del contrapunto*), publié à Milan, et porté à sa perfection par Orazio Benevoli, 1650, maître de chapelle du Vatican.

Ce fut dans ce siècle que l'on abandonna le système de *l'escordo* pour y substituer celui de *l'ottava*, plus naturel et plus facile. Les caractères musicaux furent aussi simplifiés, et délivrés de l'excessive complication des signes, et les mesures furent chacune divisées entre deux lignes. Ce fut enfin dans ce siècle que le contre-point fut enrichi, et la mélodie s'ennoblit par les nombreuses et belles compositions musicales ecclésiastiques de nombreux maîtres distingués. Parmi ceux-ci excellèrent Bianciardi, de Sienne; le prince de Venosa; L. Carlo Gesualdo, surnommé le prince des musiciens; le Romain Luigi Rossi, en Italie et en France appelé le Divin ; Michele Clarentino, de Vérone, Domenico Mazzocchi, maître de l'école romaine; le Vénitien Francesco Cavallo, maître de chapelle de Saint-Marc, l'inventeur de l'*Aria;* le Toscan Marc-Antoine Cesti, maître de chapelle de l'empereur Ferdinand III; le Bolonais Gian Paolo Colonna, maître de chapelle à San Petronio; Alexandre Melani, de Pistoja; Antonio Lotti, chef de l'école vénitienne; Antonio Draghi, de Ferrare; Perti, chef de l'école bolonaise; Carlo Pallavicino, de Brescia; Giambatista Bassani, de Padoue, et autres nombreux maîtres qui firent les délices de l'Italie et de toute l'Europe.

Ce n'est pas tout : en 1673 apparaît une œuvre très-instructive, intitulée : *Il musico pratico,* de *Bononcini,* de Modène, et plus tard le chanoine Berardi se distingua par de nombreuses œuvres théorico-pratiques, parmi lesquelles *Ragionamenti musicali,* en forme de dialogue, publié à Bologne en

1681, et ses *Documents harmoniques* (Bologne 1687) : ces œuvres fixèrent des règles plus claires et plus sûres pour la pratique du contre-point, et tous les maîtres les suivirent.

Ce siècle vit la musique sacrée en Italie toucher à sa perfection, et surgir de nombreux artistes qui subirent l'heureuse influence du génie de l'art chrétien. En outre, le perfectionnement de divers instruments rendit admirable l'exécution des morceaux de musique.

L'art de jouer du violon gagna beaucoup, grâce à l'école établie par Archangelo Corelli, qui s'illustra par ses excellentes productions ; Francesco Geminiani, son élève, publia *la Manière de bien jouer du violon*, ainsi que les justes positions de la main, et la manière d'en tirer les divers sons. De plus, Geminiani dicta les règles pour jouer les cymbales et améliorer la musique instrumentale. Sortirent de l'école de Corelli les célèbres frères Somis, de Turin ; le fameux Locatelli, de Bergame, fondateur d'une nouvelle école de violon en Hollande, et même Veracini, florentin, et Albinoni, de Venise, très-habiles sur le violon, produisirent de belles compositions pour cet instrument. Veracini trouva une meilleure méthode pour conduire l'archet; il la transmit au grand Tartini. Au commencement de ce siècle, le prêtre Pistocchi, de Bologne, après avoir été maître de chapelle en Allemagne, re-

tourna dans sa patrie, où il fonda une école de
chant, d'où sortirent des élèves distingués, et composa diverses œuvres musicales. Giuseppe Torelli,
de Vérone, habile violoniste, compositeur, et inventeur du concert; Gasparini, Romain qui se distingua auparavant dans les compositions d'église,
et poésies de théâtre; Toscano Clari, grand compositeur de messes, vêpres, etc., etc. Le vénitien Marcello, qui s'immortalisa principalement avec ses
psaumes, ainsi que ses compatriotes Caldara, Biffi,
Cortona, Brusa, Zanetti, Polani, Ruggeri, Palarolo et
Pescetti. Florence produisit les compositeurs Luigi
Adimari, Benini et Arrigoni. Naples peut vanter
Alessandro Scarlatta, l'auteur du *recitativo obligato*,
Nicola Porpora, Leonardo Leo et Francesco Feo.
Parme est fière de Fortunato Chelleri et Gemi-
niano Giacomelli, et Milan de Guiseppe Paladini et
Giambattista San Martino. Parmi tous ces grands
artistes qui méritent les plus grands éloges, nous
citerons Francesco Durante, napolitain, l'auteur du
système musical moderne.

La poésie contribua, à cette époque, à rendre la
musique grande et sublime. Au milieu d'une phalange de poëtes misérables, extravagants et fous
surgit le grand Métastase, le poëte tendre, facile,
suave et harmonieux, le prince des poëtes drama-
tiques. Ses poésies sont déjà autant de compositions
musicales par elles-mêmes; il est le vrai Anacréon

italien, sacré et profane. Rien de beau et édi-
fiant comme ses œuvres sacrées de l'Abel, l'Isaac,
le Joseph, l'Athalie, etc., etc. Les drames de Métastase furent par conséquent mis en musique par
les meilleurs maîtres de ces temps, d'abord par le
napolitain Leonardo Vinci, et ensuite par le grand
Pergolèse, l'auteur de la mélodie expressive et
pénétrante. Ces deux grands maîtres aidés par
Métastase, opérèrent une véritable réforme musicale [1].

La base fondamentale, l'origine et la nature des
accords, des tons, et les divers mouvements de
l'harmonie furent trouvés vers le milieu de ce siècle,
et furent mis en évidence par le célèbre Tartini qui
découvrit ensuite le troisième son dérivant de la
consonnance produite par deux sons; il enseigna, le
premier, la juste grosseur des diverses cordes
du violon, afin qu'il rendit un son plus clair, plus
uni et plus doux; c'est lui qui fit allonger l'archet
du violon et qui enseigna la manière de le manier.
Ce fut alors que naquit une grande émulation,
même entre les fabricants des divers instruments
et les divers violonistes qui portèrent le perfec-

---

[1] « Non, l'antiquité n'a rien produit de plus touchant pour une âme
» sensible que l'union d'un Pergolesi et d'un Metastasio, union rare et
» précieuse, d'où naquirent les plaisirs de l'Europe, et qui fit couler
» des larmes plus délicieuses que l'enthousiasme ait jamais offertes aux
» talents. » (*De la félicité publique*, tome II, page 88. Amsterdam,
1772.)

tionnement du violon à un si haut degré, perfectionnement obtenu par Amati et Stradivarius, tous les deux de Crémone, et par le tyrolien Steiner. Le hautbois et le basson furent améliorés par Alessandro et Gerolamo Besozzi de Parme. La clarinette, qui a un son uni et pénétrant, et qui aujourd'hui s'emploie avec grand succès dans les orchestres, fut introduite en Italie par lord Cuper, Anglais, qui conduisit en Italie de bons joueurs de cet instrument, et que les Italiens surent mettre à profit. Le piano-forte à marteaux fut inventé par Bartholomeo Cristofori de Padoue, en 1718 : mais il était encore très-simple. Ceux qui l'ont amélioré au point où il se trouve et qui l'ont amené à exprimer la mélodie et l'harmonie, et toutes les gradations qu'exigent les modulations de la voix humaine, furent Antonio Gherardi de Parme et son fils Giovanni Battista, Gaetano Scappa et son fils Giuseppe de Milan, Vincenzo Cresci de Livourne, Giuseppe Viola et Luigi Tadolini de Bologne, Paolo Salvi de Gênes, etc. Petrini, en 1734, introduisit à la harpe les *messe voci*, et ajouta les pédales. Le *salterio* fut amélioré et perfectionné par le père Grazioli de Lodi et par Antonio Battaglia de Milan.

L'orgue ne laissa plus rien à désirer, ni pour la richesse et la beauté des sons, comparé à tout autre instrument, ni pour la grande facilité de le toucher ; ceci est dû spécialement à Antignati de Brescia, qui fabriqua les orgues du dôme de Milan et de Crémone et, dans ce siècle, au chevalier Azzolino de la Ciaja de Sienne, au Lombard Eugenio Biroldi, à Tronci, Agati et Ramai de Toscane, aux Serassi de Bergame, dont les neveux continuent encore aujourd'hui à fabriquer ces magnifiques instruments pour les églises de la Lombardie. Enfin, la construction de la contre-basse fut améliorée, principalement dans la manière de l'accorder, ainsi que celle des clarinettes, pour l'accroissement des becs et des clefs, etc., etc.

Le chant contribua beaucoup à mettre l'expression que l'on veut donner à la parole en harmonie avec la musique et rendit parfaite l'exécution des chefs-d'œuvre de l'art musical, outre les bons instruments et les bonnes méthodes.

Celui qui, le premier, fonda à Bologne une école de beau chant, et qui forma une quantité prodigieuse d'excellents chanteurs, fut Antonio Bernacchi de Bologne, surnommé le roi des chanteurs. Les restaurateurs du bon goût et de la bonne exécution de la musique, outre Pergolesi que nous avons déjà cité, sont : 1° Nicolo Jomelic, 2° Nicolo Piccini et 3° Antonio Sacchini. Le premier perfectionna, en 1751, l'air vocal, le second donna la juste forme aux duos, et le troisième eut la gloire de conduire, en 1770, la mélodie au plus haut degré de perfection. Ce fut alors que se fondèrent les trois

conservatoires de Naples, qui furent si florissants,
et quatre autres à Venise, lesquels donnèrent de si
grands compositeurs et des artistes si distingués.
Ce fut à cette époque que florit à Turin l'école de
violon dirigée par Paguacci, à Florence, celle de
Nardini, à Parme, celle de Moriggi ; ce fut alors que
Muzio Clementi se fit admirer sur le piano, et que
se produisirent tant de chefs-d'œuvre de musique
ecclésiastique, de Fioroni à Milan, de Salulini à
Sienne, de Mei à Livourne, de Paolucci à Assise, de
Valotti à Padoue, de Martini et de son grand élève
Mattei à Bologne, et grand nombre d'autres maîtres
de chapelle des églises d'Italie. A tout ce que nous
venons de citer, ajoutons la noble émulation qui
naquit entre Paisiello, Cimarosa et Guglielmini d'enrichir de magnifiques compositions le répertoire
ecclésiastique, et de produire une grande quantité
d'œuvres pour les théâtres qui se multipliaient.

POÉSIE SACRÉE

DU XVIIᵉ AU XIXᵉ SIÈCLE

L'étude des classiques grecs fit renaître le goût
de la tragédie. Le drame musical et la comédie
florissaient chez les Italiens, mais la tragédie était
à peine née ; l'on en composa beaucoup, mais de

peu de mérite. L'on représentait les scènes de la Passion du Christ et quelquefois la vie des saints; mais toutes ces pièces étaient d'un mauvais style et semées d'idées basses, triviales et vulgaires.

Le mérite d'avoir porté la tragédie à un degré éminent ne peut être contesté aux Français. Corneille est, à bon droit, regardé comme le père de la tragédie, mais ses œuvres ne traitent que des sujets profanes. Le génie de l'art chrétien s'empara de la tragédie comme de tout ce qui est grand et beau, et en tira un grand parti qu'il enveloppa de sa douce bienfaisance. Après Corneille, Racine produisit deux tragédies sacrées, *Esther* et *Athalie*, qui peuvent être regardées comme modèles de genre.

L'Italie produisit plus tard le père Granelli qui ne fut pourtant qu'un poëte assez médiocre. Sa meilleure tragédie est intitulée *il Fedecia*. Vers la fin du xviiie siècle, outre Métastase que nous avons déjà cité, l'Italie eut Alfieri, le poëte tragique par excellence, qui ne composa qu'une tragédie sacrée, *Saül*, œuvre vraiment sublime et dantesque. Nous ne pouvons omettre les deux poëmes sacrés de second ordre de Louis Racine : *la Religion* et *la Grâce*.

L'Angleterre a son poëte sacré dans Milton, l'auteur du *Paradis perdu*, qui, par ses chants, approche Homère, et est aussi sublime que lui. Et la Germanie produisit Klopstok qui composa la *Messiade*, poëme semé de grandes idées et de beautés poétiques.

SIÈCLE D'OR EN FRANCE

PEINTURE

La France ne resta pas étrangère aux prodiges opérés par le génie de l'art chrétien en Italie. En effet, les Français, surtout dans les arts et en littérature sont en quelque sorte les frères des Italiens; nous avons déjà dit que les rois de France eurent le soin d'appeler à leurs cours les meilleurs artistes de ce pays, pour que leurs œuvres ainsi que leurs préceptes excitassent une noble émulation. Ils ne se trompèrent point, car il suffirait pour l'honneur de l'école italienne d'avoir formé Jean Cousin, qui fut comme les grands Italiens, en même temps peintre, sculpteur, graveur, très-bon mathématicien et écrivain distingué des beaux-arts. Il fut le premier qui traita les sujets historiques et surtout les sujets sacrés d'une manière distinguée et caractéristique, et qui appliqua les règles de la géométrie à la perspective; il imita Pinturicchio et les autres, mais ne les copia point; son dessin est correct et participe beaucoup du goût florentin et romain; il se fit un style propre et grandiose par ses connaissances profondes en anatomie: il peignit plus sur verre que sur toile, et entre autres des vitraux admirables dans la cathédrale de Sens, et le *Jugement dernier*, composition pleine de feu et d'originalité, mais pauvre de couleur ; comme sculpteur il aurait surpassé Jean Goujon et aurait mérité le titre de Phidias français ; il sculpta la tombe de l'amiral Chabot, qui est la meilleure œuvre de la sculpture française à cette époque, et d'autres œuvres nombreuses très-estimées. Dubreuil fut à cette époque nommé directeur des travaux du Louvre et de Fontainebleau pour terminer les travaux inachevés de Pinturicchio, que la mort venait d'enlever.

Avant d'entrer dans le siècle d'or que devait faire éclore la munificence de Louis XIV, il est bon de noter une particularité qui fait grand honneur à l'intelligence des artistes français. Ils ne se contentèrent point de voir et d'admirer grand nombre d'œuvres des artistes italiens et d'apprendre sous leur direction le dessin et l'art de peindre, mais ils voulurent tous, jusqu'aux plus pauvres et aux plus médiocres artistes, aller à Rome, à Venise, à Florence et à Milan pour étudier les vrais chefs-d'œuvre, les maîtres et non les élèves. Cette méthode produisit de grands artistes qui portèrent en France le beau style et y transplantèrent la bonne école italienne. Aussi celle-ci ne déclina point autant en France qu'en Italie même.

En effet, Martin Fréminet se fixa jeune à Rome,

où il resta douze ans pour étudier Michel-Ange et le Caravage; puis il employa trois autres années à étudier le coloris à Venise; enfin, après avoir travaillé trois ans à la cour de Savoie, il retourna dans sa patrie peintre achevé. Henri IV le créa premier peintre de la cour, et Louis XIII le fit chevalier de l'ordre de Saint-Michel pour avoir peint la voûte de la chapelle de Fontainebleau, une de ses meilleures œuvres, quoique le dessin, comme celui de Michel-Ange, y soit un peu trop prononcé dans les muscles.

Moïse Valentin fut de même que le précédent doté de beaucoup de talent et de goût comme beaucoup d'autres artistes de cette époque. Il étudia Michel-Ange, le Caravage dans le même temps qu'il étudiait Raphaël et parvint ainsi à réunir la force, la grandeur et la profondeur du premier à la délicatesse, à la grâce et à la vivacité de coloris du second; malheureusement il mourut à l'âge de trente-deux ans. Mais il avait déjà surpassé son maître le Caravage, ainsi que le prouvent ses œuvres sacrées : le *Jugement de Salomon*, l'*Innocence de Suzanne reconnue*, le *Denier de César*, le *Martyre des saints Processe* et *Martien* pour la basilique de Saint-Pierre à Rome, œuvre qui depuis eut l'honneur d'être reproduite en mosaïque et que l'on admire encore aujourd'hui.

De la Hyre, élève de son père, qui se distingua près le roi de Pologne, suivit les traces du Primatice et produisit de bons tableaux d'église. Jacques Blancard étudia en Italie où il fit d'immenses progrès, puis exécuta à Paris le tableau votif pour les orfévres, la *Descente du Saint-Esprit*. Ses talents furent bientôt reconnus : on lui commanda un *saint André, agenouillé devant la Croix*, et d'autres tableaux, notamment des Madones et des Saintes-Familles très-belles et d'un goût titianesque ; mais la mort le surprit à trente-huit ans, au milieu de sa gloire et de sa fortune.

Maintenant nous voici arrivés à une série nombreuse de peintres distingués, orgueil de l'art et de la France. Quoique leurs talents fussent employés à embellir des palais somptueux et pour ainsi dire uniques au monde, ils laissèrent cependant des œuvres magnifiques dans lesquelles brille le sentiment religieux et dont le génie de l'art chrétien, qui déjà commençait toutefois à être peu vénéré, s'enorgueillit à juste titre. Poussin et Lesueur sont les Raphaël de la France, Lebrun en est le Jules Romain, Mignard, le Dominiquin, Simon Vouet, le Corrége. Les frères le Nain rappellent Velasquez, Coypel, l'Albane et le Guide ; mais commençons la revue de ces sommités.

Nicolas Poussin est le prince des peintres français : de tous les peintres italiens et français, il est celui qui approcha le plus près de Raphaël et du Dominiquin. Le génie de l'art chrétien lui sourit, parce que ce peintre avait un profond sentiment de l'art : tourmenté du désir de se perfectionner, il supporta jusqu'à la faim ; l'argent qu'il attendait pour son voyage lui arriva enfin ; il put partir et arriver à Rome qu'il ne quitta plus ; s'il retourna à Paris ce ne fut que pour peu de temps, son cœur était tout à Rome. Là son imagination s'exaltait à la vue des œuvres antiques païennes, des merveilles du siècle d'or de l'art chrétien et s'inspirait de ces chefs-d'œuvre. Il se montre philosophe dans ses compositions, noble et grand, unique pour draper les figures. Quelle noblesse dans ses têtes et dans les attitudes, quelle variété de types, quelle richesse d'imagination ! Que d'idées grandes et sublimes ! Nous ne citerons que quelques-uns de ses tableaux : les *Sept Sacrements*, la *Manne*, *Rebecca*, l'*Adultère*, les *Mages*, *Moïse sauvé des eaux*, *Moïse changeant la verge d'Aaron en serpent*, le *Jugement de Salomon*, l'*Histoire de la Vierge*, le *Déluge*, le *Baptême du Christ*, de nombreuses *Saintes-Familles*, etc., etc. Il eut un excellent imitateur et ami dans Jacques Stella de Lyon qui demeura quelques années à Rome et à Florence, et qui, plus fortuné que le Poussin, eut de nombreuses commandes pour tableaux d'églises qu'il fit avec goût et amour et dans lesquels règne un sentiment religieux. Mettons à la seconde place Simon Vouet, non parce qu'il est le second peintre de la France, mais parce que c'est un artiste facile et sympathique qui, à la manière du Corrège, savait bien créer et nuancer les masses du clair et de l'obscur, et parce qu'il fit beaucoup d'excellents élèves tels que Lesueur, Lebrun, Mignard, etc., etc. Il exécuta bon nombre de tableaux mythologiques; néanmoins il traita convenablement et savamment les sujets sacrés : les nombreux tableaux qui embellissent les églises de Paris et des environs, et ceux qui sont au Louvre, tels que : la *Présentation du Christ au temple*, le *Christ en croix*, le *Christ porté au sépulcre* et une *Sainte-Famille*, prouvent notre assertion.

Nous voici arrivés au grand Lesueur, le seul peintre qui à cette époque n'alla pas à Rome, mais qui, en étudiant sur les gravures, acquit, mieux que beaucoup d'autres artistes, la grâce, le naturel, un sentiment religieux exquis. Il s'abstint des deux grands défauts qui dominaient alors : le maniérisme et la hâte, le far-presto. Ses compositions sont étudiées, mais naturelles, délicates, chastes, finement traitées et harmonieuses. Cet artiste de cœur était un prédestiné du génie chrétien. Ses chefs-d'œuvre sont : l'*Histoire de saint Bruno en vingt-cinq tableaux*, plusieurs *histoires de Moïse et de Tobie*, *saint Paul à Éphèse*, le *Christ qui porte la croix*, *Jésus qui apparaît à la Madeleine*, *saint Gervais et saint Protais* qui refusent de sacrifier à Jupiter, le *Martyre de saint Laurent*, l'*Apparition de sainte Scholastique à saint Benoit*, etc., etc.

Un autre élève de grand mérite de Simon Vouet est Charles Lebrun qui ne se distingua point dans le genre délicat, mais dans le grandiose. Il eut la bonne fortune de rencontrer à Lyon Poussin qui se rendait à Rome pour la seconde fois, de faire le voyage avec lui et de se lier si intimement, qu'ils demeurèrent dans la même maison pendant six années. Cette circonstance lui servit à développer entièrement son génie au point qu'il retourna à Paris poussinesque ; mais il était doué d'une imagination vive, féconde, vaste, et portée aux grandes compositions. Ses types furent la *bataille de Constantin* et l'*Attila* de Raphaël, ainsi que les compositions guerrières de Jules Romain, et c'est ainsi qu'il put exécuter avec un grand succès les *batailles d'Alexandre*. Il réussit aussi dans le genre sacré : il fit des compositions dévotes, savantes et de beaucoup de mérite, telles que : le *Christ mourant sur la croix parmi les anges*, la grandiose *Magdeleine repentante*, la *Chute des Anges*, le *Christ montant au calvaire*, le *Christ dans le désert* servi par les anges, l'*Entrée du Christ à Jérusalem*, une *Piété*, le *Vendredi-Saint*, la *Pentecôte*, etc. Les idées de Louis XIV et de ses ministres ne pouvaient trouver un meilleur interprète que Lebrun, aussi prompt à inventer qu'à exécuter. Il était à la cour de ce roi comme Michel-Ange à la cour de Rome ; sans lui, rien ne se faisait, et les artistes qui voulaient travailler sous sa direction devaient exécuter aveuglément ce qu'il proposait. Cette tyrannie nuisit un peu au progrès de l'art, de même que les charges et les faveurs dont fut comblé Lebrun furent fatales à son génie; sans ses nombreux travaux, il aurait sans doute perfectionné son coloris un peu pâle, il aurait varié ses types et ses personnages, etc.

Lebrun eut un rival dans Pierre Mignard, de Troyes, qui peignit jeune encore, et avec soin et succès, la chapelle du château de Combert par ordre du maréchal de Vitry. A cette époque, c'est-à-dire en 1635, il alla à Rome où il resta vingt-deux ans occupé à faire les portraits des hauts personnages, et de très-belles Vierges avec l'enfant Jésus, œuvres très-recherchées. Son principal modèle fut le Dominiquin, on le voit facilement dans l'esquisse modèle qu'il fit pour un grand tableau représentant saint Charles donnant la communion aux pestiférés, en concurrence avec Pietro da Cortona qui remporta la palme, mais l'opinion publique cria à l'injustice et il eut la consolation de voir son esquisse habilement gravée et plaire beaucoup. De retour en France, il peignit à fresque le dôme du Val-de-Grâce où il représenta le paradis avec des figures trois fois plus grandes que grandeur naturelle, et à Saint-Cloud une descente de croix : déjà octogénaire, il fit le magnifique dessin de la coupole des Invalides. L'on admire de lui au Louvre la

Vierge à la grappe, un *Ecce homo*, la *Voie du Calvaire*, une *Madone des Sept Douleurs*, *saint Luc
peignant la sainte Vierge*, *sainte Cécile*, et les deux
vertus théologales, la *Foi* et l'*Espérance*. Il eut pour
aide à Paris et pour ami et condisciple, Dufresnoy,
qui fit peu de tableaux, et inférieurs en mérite à ceux
de Mignard, mais qui fut par compensation excellent graveur; poëte et écrivain d'art, il composa le
poëme des *Arts graphiques*.

François Perrier, dit le Bourguignon, fut deux fois
en Italie, et devint bon graveur en clair obscur, fit
divers beaux tableaux d'églises et peignit beaucoup
à la Chartreuse, mais il ne fut pas toujours correct
dans le dessin. Parmi ses diverses histoires de la
vie de saint Antoine, celle qui représente la tenta-
tion de ce saint peut être considérée comme la
meilleure.

Coypel fut un artiste plus distingué que Perrier,
même dans la gravure, et cependant il ne fit que
très-peu de sujets sacrés, mais son fils Antoine
Coypel en fit un grand nombre supérieurs en mérite. Tous les sujets sacrés qu'il peignit, tirés de
l'ancien et du nouveau Testament ont un faire gai,
frais et sympathique et ressemblent beaucoup à
l'Albane et au Guide; ce fut à cet artiste qu'incomba
l'honneur de peindre la voûte de la chapelle de
Versailles.

Sébastien Bourdon est regardé comme un artiste

de mérite; il étudia le Guide, le Caravage, le Dominiquin, et apprit en même temps la manière du Poussin et de Lebrun, d'une manière si remarquable que souvent ses tableaux se confondent avec ceux de ces deux maîtres, ce qui n'est pas peu flatteur.

Jouvenet, élève de son père et de son oncle, prit la nature pour modèle, et les premiers pas qu'il fit dans la carrière artistique furent lumineux. Son tableau de la guérison du paralytique lui valut l'amitié de Lebrun et la protection de Louis XIV, ce fut sous ces auspices qu'il entra, en 1675, dans l'Académie de peinture, fondée depuis vingt ans seulement, et fit pour sa réception *Esther auprès d'Assuérus*, le plus beau tableau poussinesque qui ait honoré ce local. Jouvenet serait devenu le plus grand peintre français, si une attaque d'apoplexie ne l'eût forcé à quitter l'art. Il imita la manière du Poussin par l'étude du vrai, par celle plus approfondie encore des effets, par un faire franc et magistral. Il parvint à un degré éminent de perfection; outre les tableaux que nous avons déjà cités on voit au Louvre, la *Descente de croix*. Il travailla aussi dans beaucoup d'églises de Paris, à l'abbaye de Saint-Martin-des-Champs; il fit aussi de belles peintures à fresque dans les Invalides et dans la chapelle de Versailles, sans compter d'autres beaux tableaux représentant la *Résurrection de Lazare*, la *pêche miraculeuse*, etc.; il mourut laissant deux bons élèves, ses neveux François Jouvenet et Restout.

Verdier, le meilleur élève de Lebrun, Lafosse et Licherie autres bons élèves de Lebrun; les braves frères de Boulogne; François Puget, fils du célèbre sculpteur et aussi bon peintre; Vanloo, Corneille, Michel père et plus encore son fils, très-habile dans les fresques: Le Clerc, Colombel, le brave Senneterre, Hallé, le célèbre portraitiste Rigaud, qui fit aussi avec succès beaucoup de tableaux sacrés et Verdot, forment une belle couronne aux principaux maîtres que nous avons déjà nommés.

Nous arrivons au dernier groupe de peintres qui travaillèrent ou qui fleurirent dans le XVIIIᵉ siècle, et qui cependant dans cette époque de décadence soutinrent l'honneur de la peinture sacrée. Le prince de tous ces artistes, Pierre Subleyras, alla à Rome dans sa jeunesse et émerveilla ses contemporains par son tableau représentant la *Madeleine aux pieds du Christ* dans la maison du pharisien et la *Messe* grecque dite par saint Basile devant l'empereur Valens, tableau si beau qu'il fut traduit en mosaïque; il peignit aussi pour la Chartreuse de Termini, pour Milan, pour Asti; de retour en France, il exécuta avec un grand talent et beaucoup de goût le Martyre de saint Pierre et celui de saint Hipolyte, saint Ambroise qui absout l'empereur Théodose, saint Benoit ressuscitant un enfant, etc. Après lui vient Lemoine qui fit une belle *Transfiguration* pour l'église des Jacobins à Paris, et il peignit avec Galoche et Jacques Pierre, beaucoup de tableaux pour églises très-estimés, mais non artistiques. Marot ne fit que le tableau votif pour la confrérie des orfévres. L'on ne connaît de Natier, bon peintre de portraits et de sujets gracieux, qu'une *Madeleine* repentante. Natoire et Boucher furent aussi peintres dans le même genre; enfin de ces derniers artistes les meilleurs furent Jean-Baptiste Pierre, entre autres œuvres peignit la coupole de la Vierge, dans Saint-Roch; Dulin, et Villeuquin.

DÉCADENCE

ARCHITECTURE EN FRANCE

DU XVIIe AU XIXe SIÈCLE

L'architecture fut de tout temps cultivée avec amour en France, mais pendant qu'en Italie, avec la littérature et la peinture, elle se précipitait vers la décadence et la monstruosité, elle florissai en France, non-seulement par une quantité de bons et savants architectes, mais elle s'enrichissait même d'un nouveau style que l'on appelle le style de la renaissance. Ce style fut créé et même porté à la beauté et à la perfection par les trois Lepautre, et principalement par Jean Lepautre, qui était doué de beaucoup de goût et d'une grande fécondité. Ce dernier dessina des choses surprenantes dans ce genre, et d'une abondance de richesses prodigieuses. L'on connaît de lui quatorze cents estampes qui représentent les dessins de cette bizarre ornementation.

Le style de la renaissance tient le milieu entre le classique et le baroque; mais c'est un style plus raisonné, un style gracieux, riche, sympa-

thique, et de grand effet, dans la décoration extérieure et intérieure des palais et dans la confec-
tion des meubles et tapis. Nous devons dire que
cette grande impulsion que recevait la sculpture en
France était due à la magnificence de Louis XIV,
de ses ministres et adhérents, lesquels voulaient se
surpasser les uns les autres par le luxe, par la
pompe, par les magnifiques palais et les beaux
jardins.

Parmi ce grand nombre de savants architectes qui
travaillèrent sous Louis XIV nous n'en mentionnerons que très-peu, parce que la plupart ne recevaient que des commandes de palais somptueux et
de vastes et délicieux jardins, et des arcs de triomphe
et des théâtres, etc., ils ne s'occupaient que très-peu
de l'édification des églises. Quatre artistes de mérite
furent les précurseurs du style de la renaissance.
Dans l'ordre chronologique nous citerons le premier, Bullant, qui composa de bons traités d'architectures; puis, Dupeyrac qui fut même peintre et
graveur; le troisième est Lemercier, qui construisit
la Sorbonne ainsi que l'église annexe et plusieurs
autres églises qui méritent des éloges; puis le quatrième enfin, Lemuet, qui termina avec succès l'église
du Val-de-Grâce à Paris, qui en 1658 fit le dessin
de l'église des Pères-Mineurs, et qui écrivit un traité
d'architecture et traduisit Palladio et Vignole.

A cette époque de la renaissance nous citerons

Le Nôtre, qui ne fit que de magnifiques jardins pour le roi, pour ses ministres, ainsi que pour des souverains régnants d'Europe, et qui servirent de modèles à d'autres architectes nationaux et étrangers. Nous parlerons avec éloge de Blondel, non comme architecte auteur de beaucoup de monuments, mais parce qu'il construisit la royale abbaye de Saint-Louis, des Dames-Chanoinesses, ainsi que la chapelle annexée.

Pierre Mignard, fils de Nicolas Mignard, peut être cité comme un bon architecte. Les ouvrages de constructions publiques prouvent tout son mérite. L'on cite de lui l'abbaye de Montmayor, près Arles, et la façade de l'église Saint-Nicolas, à Paris. A propos de l'abbaye de Montmayor, nous devons signaler une belle action très-rare parmi les architectes, qui pour la plupart respectent peu l'idée et les œuvres de leurs confrères. Quelques années après sa construction l'abbaye fut détruite par un incendie, et un architecte, nommé Franque, fut choisi pour reconstruire l'édifice détruit; après avoir examiné attentivement le dessin de Mignard, il fut assez consciencieux pour l'exécuter sans rien y ajouter.

Nous ne devons pas oublier de mentionner le grand Perrault, homme érudit et universel, il fit la façade du plus beau palais de Paris et de la France, du Louvre enfin, qui fait l'admiration de l'Europe. Il eut peu de commandes de monuments sacrés, et

cependant il se distingua dans la construction de la
chapelle du palais de Sceaux, et celle de Notre-Dame
de Navonne.

Levau, architecte fameux, mérite une place hono-
able parmi les artistes français qui traitèrent l'architecture sacrée. Ses œuvres religieuses les plus
remarquables sont l'église Saint-Sulpice et la chapelle de la Vierge ; mais dans l'architecture civile
son nom est beaucoup plus grand : parmi ses principaux ouvrages il agrandit les Tuileries. Bullet fut
plutôt un architecte théorique et un très-bon écrivain
qu'un architecte pratique ; cependant il est l'auteur
de la belle église de Saint-Thomas-d'Aquin, à Paris.
De cette époque il ne nous reste plus qu'à mentionner
très-honorablement Soufflot et Couture. Le premier,
pendant qu'il étudiait encore en Italie, osa envoyer
aux Chartreux de Lyon qui reconstruisaient leur
couvent et l'église, le dessin d'une coupole qui fut
trouvée si belle et parfaite qu'ils l'employèrent pour
leur église, et plus tard il fut appelé pour la construction de l'hôpital de Lyon, qui devint une œuvre
vraiment grande et monumentale. Ces deux importants travaux le firent connaître à Paris, la cour le
combla d'honneurs, et lui confia de grands travaux.
Il fut vainqueur dans le concours pour l'érection
de l'église Sainte-Geneviève; dans cette construction
la critique se tut jusqu'à ce que l'œuvre fût arrivée
à la naissance de la voûte ou coupole, mais là elle

prit un caractère si violent que Soufflot en mourut de douleur.

Couture enfin chercha de ramener en France le goût pour l'architecture classique en faisant le dessin de l'église de la Madeleine, il reconstruisit celle qui était détruite, mais les événements politiques et la mort ne lui permirent pas de l'achever : il mourut en 1799. Aujourd'hui ce monument est achevé.

SCULPTURE EN FRANCE

La France eut un grand nombre de sculpteurs distingués, mais qui ne fondèrent pas à proprement dire des écoles comme les sculpteurs italiens, aussi le génie de l'art chrétien n'a pas beaucoup à s'en féliciter ni à s'en réjouir, parce que bien peu de leurs œuvres se recommandent par leur sentiment religieux et par cette beauté surnaturelle que surent donner au marbre et au bronze Donatello, Ghiberti, Robbia, Bambaja, etc., etc.

Les sculpteurs français, sous le règne de Louis XIV, eurent bien peu de commandes de sujets sacrés ; s'ils étaient appelés à la cour auprès des ministres et des nobles, ce n'était que pour décorer des palais et pour faire des fontaines magnifiques embellies de statues mythologiques et allégoriques, pour orner de su-

perbes jardins. Aussi ne parlerons-nous pas de tous
les sculpteurs français, mais de ceux seulement qui
travaillèrent à des sujets sacrés avec l'intention de
servir seulement l'art et la religion.

Par ordre chronologique, nous payerons un
tribut d'éloges à Guillain, de Paris, qui fut sculpteur et graveur et l'un des principaux fondateurs de l'Académie, de laquelle il fut nommé
recteur. On admire de lui la statue qu'il fit pour
la façade de l'église de la Sorbonne, ainsi que les
quatre Évangélistes dans l'église de Saint-Gervais
et l'autel-major de Saint-Eustache; un de ses bons
élèves fut Augier, qui cependant fut moins correct
et moins pur que son maître. Il exécuta grand nombre de monuments sépulcraux : le meilleur de tous
est celui de Henri, duc de Montmorency.

Girardon, autre sculpteur distingué, n'exécuta
que des monuments sépulcraux sur les dessins four-
nis par Lebrun; le plus beau de tous est le mausolée pour le cardinal Richelieu.

Sarrazin eut le bonheur d'aller à Rome et d'y
connaître le Dominiquin, qui lui prodigua les
bons conseils. Il prit Michel-Ange pour modèle,
et, de retour en France, après dix-huit ans d'ab-
sence, il eut de suite devant lui un vaste champ
où il put déployer ses talents. Il fit à la Chartreuse
de Lyon deux statues colossales, représentant saint
Bruno et saint Jean ; à Paris, quatre anges de stucs

pour l'autel-major de l'église de Saint-Nicolas-des-Champs. Anne d'Autriche lui commanda un ange en argent, dans l'attitude de présenter à la Vierge un enfant Jésus en or, pour un vœu qu'elle avait fait; il fit aussi le modèle des deux anges en argent qui portent le cœur de Louis XIII dans l'église de Saint-Louis; il exécuta aussi un superbe mausolée pour le cardinal de Bérulle, orné de bas-reliefs représentants des histoires sacrées et les quatre Vertus cardinales, ainsi que quelques Christs pour diverses églises.

Le prince des sculpteurs de cette époque est Pierre Puget, qui joignit à son art celui de la peinture et de l'architecture; nous ne ferons mention que de ses œuvres sacrées. Puget travailla beaucoup en Italie, et Gênes se loue de l'avoir protégé et de posséder de lui deux statues colossales, celles des bienheureux Alexandre Sacchi et de saint Sébastien, dans l'église de Carignan, le groupe de l'Assomption dit de l'Albergo, la figure de la Vierge dans le palais Balbi et celle du palais Carrega, la statue de saint Philippe de Néri, le tabernacle et les anges en bronze à Saint-Siro et l'autel de la Vierge des Vignes. Il exécuta pour le duc de Mantoue, entre autres ouvrages, un grand bas-relief représentant l'Assomption, sculpta à Toulon pour un tabernacle de gracieux anges en adoration et à Marseille un superbe bas-relief représentant la peste de Milan à l'époque de saint Charles; dans cette dernière ville sont aussi différentes œuvres, tels qu'un buste de Christ, un bas-relief représentant saint Giovannino, etc. Il fit un grand nombre de bons élèves.

Coysevox, de Lyon, se fit connaître avantageusement dans sa patrie par une statue de la Vierge qui lui procura plus tard d'importantes commandes, telles que celle du tombeau du cardinal Mazarin, le monument funéraire de Charles Lebrun et la belle tombe de Colbert. La ville de Lyon a donné naissance à un grand nombre de sculpteurs, dont le premier est Nicolas Coustou.

Élève de Coysevox, son oncle, Coustou, après s'être formé en Italie, exécuta pour Louis XIV des travaux importants ; son œuvre la plus importante ou du moins la plus belle est un *ex-voto* de Louis XIII à Notre-Dame de Paris. Il fit aussi un saint Denis en marbre et un crucifix, et sculpta la tombe du prince de Conti et celle du maréchal de Créqui. Un de ses frères, Guillaume Coustou, fut aussi sculpteur de mérite, mais ses œuvres se ressentent des défauts de l'époque. Il ne fit de sujet sacré que la *Dispute du Christ* parmi les docteurs ; le fils de ce dernier, Guillaume, aida son père au retour de son voyage en Italie, et quoique d'un style un peu baroque, obtint à la cour des dignités et des honneurs. Ses œuvres en marbre sont : l'Apothéose de saint François-Xavier, la statue de saint Roch et un

bas-relief représentant la Visitation, pour Versailles.

De Lemoine, on cite avec éloge deux anges et un
Christ qui porte la croix, et de son fils, le groupe
représentant le baptême du Christ ; ce dernier se
distingua dans le mausolée du cardinal de Fleury.
Legros obtint, à vingt ans, le premier prix du concours de sculpture avec un beau bas-relief représentant Moïse entrant dans l'arche; il fut alors en
Italie et, jeune encore, fut vainqueur dans le concours pour la décoration de l'autel du Jésus dans
Saint-Ignace, il fit encore pour cette même église
plusieurs autres statues et bas-reliefs qui tendent au
baroque, mais cependant il travailla avec goût et
soin le saint Louis, bas-relief pour la même église,
œuvre faite dans un style plus pur. Il sculpta aussi la
mort de Stanislas Kostca d'une manière curieuse et
avec des marbres de diverses couleurs en espèce de
mosaïque en relief qui plut beaucoup ; la tête, les
mains et les pieds du saint sont en marbre blanc,
l'habit dont il est couvert de marbre noir, le lit sur
lequel il gît de marbre silicien et tous les acces-
soirs de marbres divers et de différentes couleurs. Il
se distingua davantage dans les statues colossales, à
Saint-Pierre de Rome, représentant saint Thomas,
saint Barthélemy, et spécialement saint Dominique,
qui passe pour la meilleure des statues décoratives
de cette grande basilique. Il revint à Paris, mais n'y

trouvant que des désagréments, il retourna de nouveau en Italie où il eut de nombreuses commandes de mausolées, entre autres ceux de Pie IV, de Grégoire IX et du cardinal Casanata ; il exécuta aussi diverses autres œuvres, parmi lesquelles on distingue le groupe d'argent de saint Ignace, et une très-belle sainte Thérèse, pour les Carmélites de Turin.

Le Lorrain, sculpteur de grand talent, inventif et d'une grande facilité, alla à Rome, et au lieu d'étudier sérieusement les chefs-d'œuvres, se laissa entraîner à la mode qui régnait alors c'est-à-dire au baroque et au mauvais exemple d'art des autres sculpteurs de mérite qui travaillaient ensemble à la décoration des églises des jésuites. De retour en France, il réforma ce goût bizarre et fit pour la paroisse du roi à Marly, une madone très-estimée ; dans la chapelle de Versailles il exécuta le beau bas-relief représentant le Christ devant Pilate ; il fit aussi pour les Invalides la statue de saint Émilien, et à la Chartreuse de Morfontaine un Christ colossal en croix.

Michel Perrache, de Lyon, après avoir visité l'Italie, s'établit à Anvers et habita aussi Malines, où il fut appelé pour orner de ses œuvres diverses églises. Il eut un fils sculpteur mais de peu de mérite.

François Dumont apprit l'art de la sculpture de son propre père, qui fut professeur à l'Académie de Saint-Luc. Plusieurs fois il fut sur le point de des-

cendre en Italie, mais son amour pour une fille de
Noël Coypel, qu'il épousa, l'emporta sur l'art que
cependant il continua à cultiver en France. Les belles
statues qui étaient à Saint-Sulpice représentant
saint Jean, saint Joseph, saint Pierre et saint Paul
en font foi. Il était à Lille occupé au monument du
duc de Melun lorsque l'échafaudage sur lequel il
travaillait se rompit et dans la chute il se fit une
fracture, dont il mourut peu après.

Bouchardon fut vraiment privilégié, car il fut à
Rome à l'époque même à laquelle le baroque était
exalté, et cependant il sut s'abstenir de cette con-
tagion. Après avoir exécuté grand nombre de portraits excellents pour les papes et autres grands
personnages, il alla à Paris où ses talents furent
très-appréciés et mis à profit; pendant que lui ar-
rivaient des nombreuses commandes de statues et
de groupes pour les palais, les jardins, et de statues
équestres pour embellir les places de Paris, il exécuta douze statues pour l'église de Saint-Sulpice
dans des poses simples, tranquilles et dévotes;
mais ces œuvres de style semblaient froides, et
grand nombre de statues et de bas-reliefs estimables
qu'il exécuta pour diverses églises de Paris et de
Versailles eurent le même sort.

Arrivons à Clerion. Ce sculpteur peut-être porté à
l'époque de Puget parce qu'il est son contemporain;
il était aussi bon dans la conception que dans l'exé-

cution des statues et groupes décoratifs de palais et
de jardins; mais il l'était aussi dans les cabales, car
ce ne fut que par l'intrigue qu'il ravit au pauvre
Puget la commande de la statue équestre en bronze
de Louis XIV, que lui avait donné Marseille. De cet
artiste on ne connaît de sacré que les deux bustes
qui se trouvent dans l'église de Saint-Jean, à Aix
en Provence.

Pigalle fut un habile sculpteur; il eut même du
génie; il est malheureux qu'il ait vécu dans le
XVIIIᵉ siècle, dans lequel la sculpture avait usurpé le
champ de la peinture et ne voulait reconnaître aucune loi. Il ne traita pas beaucoup de sujets religieux;
mais on admire de lui beaucoup de tombes et divers
mausolées dont le plus beau est celui si bizarre qu'il
sculpta à Strasbourg pour le maréchal de Saxe, et
une Madone qu'il fit pour les Invalides.

Il ne nous reste plus qu'à mentionner honorablement Guyard, qui alla jeune en Italie et qui fut
chargé de présenter le plan et d'exécuter le monument de saint Bernard, par ordre de l'abbé de Chiaravalle; malheureusement la mort l'empêcha de terminer ce monument. Et nous ajouterons, pour finir
ce siècle, que vers la fin, se distinguèrent aussi
Jullien et Dupaty, mais ils ne produisirent rien de
sacré.

MUSIQUE SACRÉE EN FRANCE

DU XVIIᵉ AU XIXᵉ SIÈCLE

L'heureuse innovation opérée en Italie dans la musique sacrée par le célèbre Palestrina, n'eut pas le pouvoir d'arrêter en France le mélange du sacré et du profane. Le Louvre en partie, ainsi que la chapelle annexe, étaient construits à cette époque. C'est là que le R. P. Bourgoin, pour plaire à la cour, abâtardit, le premier, les chants sacrés en les mélangeant avec les chansons de salons et les motifs légers de vaudevilles. Louis XIII, amateur passionné de musique, cédait facilement aux caprices des compositeurs; on sait qu'il a écrit lui-même plusieurs motets et tous les offertoires de la semaine sainte, et qu'il a composé en mourant un *De profondis*.

Louis XIV porta à son comble la magnificence de sa cour; il voulut joindre à la chapelle royale un beau théâtre, et l'on fut obligé, par ce motif, d'augmenter le nombre des chanteurs. Il fallut aussi que le maître et compositeur pour la chapelle le fût aussi pour le théâtre auquel l'on introduisit l'orchestre, et parmi toutes ces innovations on voulut mêler les voix de femme dans les chants religieux et parmi les chantres de la chapelle

M. Dumont, alors directeur et compositeur ordinaire de musique, ne se résigna pas à une telle innovation, contraire aux décrets du *concile de Trente* et donna sa démission. Robert, qui lui succéda, suivit le même exemple; ils laissèrent la place libre à Lulli [1], florentin, homme de génie, mais aussi abruti par tous les vices. Ce fut cet homme qui sut contenter Louis XIV, et obtint toutes les faveurs par la composition de ses ballets, de ses cantates, de ses opéras sérieux et bouffes, ainsi que par beaucoup de ses compositions allégoriques. Il était chanteur, joueur d'instruments, et était aussi mime dansant, plein de ressources dans ses discours agréables et satiriques, envieux et vindicatif au suprême degré. Il fut le courtisan et le corrompu par excellence. Beaucoup de ses œuvres théâtrales se représentaient encore à Paris sous le règne de Napoléon Ier. Il ne composa de musique sacrée qu'un *Te Deum* et quelques motets.

Louis XIV ordonna un concours de huit compositeurs, lesquels durent séparément composer la musique du psaume *Beati quorum*. L'épreuve fut splendide et honorable pour la France. Tous les

---

[1] Lulli fut nommé par le roi directeur général de la nouvelle troupe des petits violons à l'âge de dix-neuf ans. Il y avait à la cour une troupe de vingt-quatre violons de chambre.

concurrents furent dignes d'être nommés compositeurs, mais dans ce nombre, Goupillet, Minoret,
Colasse et Lalande furent trouvés supérieurs, et le
dernier de tous, le plus persistant, parvint à obtenir
les grâces et toutes les faveurs possibles du roi, et
même fut admis dans sa confidence pour les conseils
qu'il lui donnait sur ses compositions musicales
qu'il corrigeait. La femme de Lalande et ses deux
filles douées de belles voix et de méthodes qui faisaient les délices de la cour purent le maintenir à
ce poste élevé. Lalande, au milieu de tant de pom-
pes et de fêtes, pendant quarante-cinq ans de séjour à la cour, écrivit bien peu pour le théâtre, mais
il composa beaucoup et très-bien pour la chapelle,
entre autres soixante motets qui portent l'empreinte du génie religieux.

Lesueur remplaça Lalande; à cette époque il était
maître de chapelle à Rouen, mais dans ses compositions il recherchait trop les effets de l'harmonie
imitative, il tomba même dans le ridicule et dut se
retirer.

Goupillet lui succéda à force d'intrigues Cet
homme doué de peu de talent avait recours à un
jeune compositeur, qui, par ce stratagème, le faisait
figurer à la cour comme un génie; mais au bout de
douze ans ce geai impudent, vêtu des plumes du
paon, altier, hautain, ne voulut plus payer ce jeune
compositeur des sommes qu'il lui devait, et ce der-

nier pour se venger dévoila la supercherie : Goupillet, forcé de se retirer, ne put cacher sa honte dans sa démission.

Lalouette, Destanches, Bernier, Campra, Brossard, Mignon, Morin furent des compositeurs estimés qui continuèrent le règne du grand roi. Sous le règne de Louis XV la chapelle royale eut un excellent maître, nommé Giroust, qui composa, outre de nombreux psaumes, deux oratorios : le *Passage de la mer Rouge* et la *Résurrection.*

L'histoire de la musique sacrée, en France, est presque toujours uniquement liée à l'histoire de la chapelle royale, comme nous l'avons dit, et malheureusement elle se ferma le 10 août 1791, pour onze ans environ. Cependant, avant de finir ce chapitre, nous mentionerons honorablement M. Mathieu, qui fut maître de musique au Conservatoire de l'Institut des aveugles, et dans le siècle suivant maître de musique dans la cathédrale de Versailles, où il composa beaucoup de morceaux de musique sacrée très-loués ; il écrivit aussi un très-grand nombre d'exercices musicaux et un bon traité de plainchant.

DÉCADENCE

PEINTURE, ARCHITECTURE ET SCULPTURE

EN ESPAGNE

DU XVIIe AU XIXe SIÈCLE

Si pour l'Italie le XVIIe et le XVIIIe siècles furent une époque de décadence, ils ne le furent pas, comme nous l'avons démontré, pour la France et encore moins pour l'Espagne, qui produisit dans ce laps de temps un nombre extraordinaire d'artistes de beaucoup de mérite. Outre les deux si réputés, Velasquez et Murillo, nous ne ferons mention que de ceux qui s'appliquèrent aux sujets sacrés et qui nous paraissent les plus remarquables.

Quelques années avant Velasquez, naquit Cerdon, peintre d'un style caravagesque ; il plaisait tant à Philippe qu'il l'appelait le roi des peintres ; Velasquez même avait pour lui une grande estime ainsi que Pereda de Grenade, peintre distingué de tableaux d'église qui existent principalement à Tolède. Pereda naquit la même année que Velasquez. Après avoir très-jeune copié les tableaux de l'Escurial, il peignit une belle Conception, qui fut le motif de son voyage à Rome pour se perfectionner. Il savait donner un grand relief à ses figures, mais dans les tableaux sacrés il manquait de noblesse ; cependant une de ses œuvres représentant la *Vanité humaine* est beaucoup louée, ainsi qu'un de ses tableaux représentant un Père éternel avec une grande multitude de saints et de saintes, qui tous lui offrent leurs cœurs.

Velasquez, le prince de l'école de Madrid, où il prit les premières leçons, s'était déjà formé un style sur les beaux tableaux qui furent ses modèles ; il fut en Italie par les conseils de Rubens ; il y étudia beaucoup l'école vénitienne et romaine, et connut Ribera, ce grand artiste qui savait faire des prodiges dans les tableaux sacrés par son génie, par son imagination féconde, par la science du modelé des parties du corps et des plis, et qui avec un pinceau d'une touche facile et résolue, fut si merveilleux dans le clair obscur. Il ne s'appliqua en Espagne comme en Italie, que de faire des portraits de rois et de ministres, que de peindre des batailles et autres sujets, n'ayant jamais eu de commandes pour des tableaux d'église. Jeune, il ne fit qu'une *Adoration des bergers*, et adulte, il ne peignit qu'une madone pour l'oratoire de la reine. De la naissance de ce grand peintre à Murillo, il ne s'écoula que quatorze années, et cependant dans ce court espace de temps naquirent quatre autres peintres très-distingués, qui sont : Dontons, qui habita longtemps l'Italie, et qui produisit d'excellents tableaux : les plus renommés se trouvent à Valence dans le cloître et dans l'église de la Mercede ; 2° Villacis, qui fut aussi en Italie, travaillait lentement mais avec goût et avec amour, et c'est pour cela que ses peintures à l'huile et à fresque dans l'église des Carmélites et quelques autres sont toujours très-estimées ; 3° Espinosa, imitateur des Carraches, fut le fondateur de l'école de Valence ; il eut un dessin correct, de la grâce, de l'expression ; parmi ses quarante tableaux l'on préfère sa Madeleine, l'Apothéose de saint Louis Bertrand, saint Jacques, saint Pierre martyr, la Naissance de saint Jean-Baptiste, outre beaucoup de fresques dans lesquelles il excellait. Cependant, de préférence à d'autres peintres, on loue un certain Francesco, très-habile dans les verres coloriés, et qui fut employé par Philippe II au palais de l'Escurial ; 4° Fernandez Francesco qui, étant très-habile portraitiste de cour, put obtenir la commande de quelques tableaux de sujets sacrés pour le couvent de la Victoire, dont le meilleur est celui représentant un des traits de la vie de saint François de Paule. On cite aussi avec honneur un autre peintre, Fernandez Louis de Séville, qui fonda dans cette cité une école qui produisit de grands élèves.

Pereyra, de noble famille portugaise, vit le jour en l'année 1604, et fut un sculpteur très-distingué.

Outre un grand nombre de belles statues profanes qu'il fit, on cite un saint Antoine et saint Benoît sur la porte du couvent de Saint-Martin, et grand nombre d'autres statues ; mais la plus belle de toutes est le *Christ du pardon*, vénérée dans le couvent des dominicains du Rosaire : il fit aussi grand nombre de bons élèves.

Nous voici arrivé au grand, au sympathique Murillo, le Raphaël des Espagnes, le grand émule de Titien et de Van Dyck, le peintre éminemment religieux, original et fécond.

Comment décrire convenablement tous ses tableaux ? Il nous suffira de citer ses chefs-d'œuvre qui sont : La Mort de sainte Claire, saint Antoine de Padoue, la fresque qui couvre toute une coupole représentant l'Immaculée Conception, les vingt-trois tableaux pour les capucines de Séville, le Mariage de sainte Catherine, les deux magnifiques Immaculées du Louvre, plusieurs Saintes Familles avec madone et enfant Jésus, saint Jean qui adore le Christ, etc., etc. Murillo se distingue spécialement dans la représentation des extases des saints, dans les célestes apparitions, dans l'innocence, la chasteté, la sainteté de Notre-Seigneur ; quelquefois, mais rarement, il est trivial dans quelques figures prises trop servilement sur le vrai, peut-être pour faire contraste.

Antolinez, Villavincentio, Alonzo Miguel, Sébastiano Gomez, Tobar, Menezes Ozorio, Laurengio, Quiros, Alonzo Cano, etc., furent d'excellents peintres, tous élèves de Murillo, et qui suivirent de près les ornières lumineuses du maître. Cependant nous mentionnerons parmi ces derniers Francesco Perez de Pineda, descendant du fameux Pietro Perez, qui dans le XIII° siècle édifia la cathédrale de Tolède ; il s'approcha du maître, et son fils même ne lui fut pas inférieur ; il faut ajouter à ce génie celui d'avoir suivi les traces de Murillo dans le goût, dans la manière de faire, que l'on reconnaît principalement dans les tableaux exécutés pour Sainte-Lucie, de Séville.

Les contemporains remarquables de Murillo furent peu nombreux, et nous commencerons par citer Pacheco. Pour sa louange il nous suffira de dire qu'il peignit, avec Velasquez, six grands tableaux d'histoire représentant la vie de saint Raymond, dans le couvent de la Rédemption à Séville ; il fit aussi une grande peinture représentant le Jugement universel, très-admirée, mais cependant faible de coloris ; nous pouvons citer aussi comme œuvre estimée, son *Traité de l'art de la peinture*.

Nous mettrons au rang des artistes espagnols, quoique Portugais, Alonzo Zanchez de Coello, parce qu'il resta longtemps à Madrid. Il étudia tellement les œuvres du Titien, qu'il a mérité le surnom de de Titien portugais. Il exécuta à Madrid, dans l'église de Saint-Jérôme, un devant d'autel représentant le Christ avec la Vierge, saint Sébastien et autres saints, et du masque de saint Ignace, que l'on conserve dans le palais de l'Escurial, il sut tirer un beau portrait de ce saint.

Coello Claudio, qu'il ne faut pas confondre avec le précédent, fut un peintre espagnol très-remarquable qui naquit en 1630, à Madrid, et dont on admire encore deux grands tableaux pour l'église de Sainte-Placide.

Cinq années avant Coello Claudio, naquit Castrejon, artiste doué d'un très-grand talent. Il savait imiter avec grand bonheur tous les styles et traiter tous les sujets, il fit cependant un saint Michel, que l'on n'a pas de peine à attribuer à Murillo, tant il est beau, et peignit aussi avec le même mérite, deux tableaux représentant : l'un, des traits de la vie de la Vierge, et l'autre un saint Patrice.

Le Frère Joachim Jumcosa remplit de ses belles peintures le couvent de *Scala Dei* et celui de Monte Allegro. Outre un Gomez, élève de Murillo, fut un autre Gomez Giovani de Mora, architecte célèbre, qui construisit le collége et l'église des jésuites à Alcala, et le couvent des augustins-déchaussés à Madrid.

Il existait aussi un autre Joseph de Mora, qui se distingua comme sculpteur; mais pouvons-

nous oublier Tristan, que Velasquez appelait le plus
grand peintre de son époque; pur et correct dans
le dessin, d'un coloris gracieux, d'une invention
grande, il fit une Cène pour Gerolomini della
Sesta, et pour l'autel-mayor de Yepes, le Moïse qui
frappe le rocher, et Jésus parmi les docteurs. Et
devons-nous oublier aussi Ribera, dit l'Epagnoletto,
qui peignit à Naples tant de magnifiques tableaux
à l'huile et à fresques? Il suivit d'abord la manière
du Caravage, puis secrètement celle du Dominiquin, à qui il fit une guerre acharnée, et acquit un
coloris clair et brillant par l'étude qu'il fit du Corrège. Il a en général, des types de saints laids et
parfois vulgaires ; mais il s'est très-souvent élevé
jusqu'à l'esthétique religieuse, surtout dans les
descentes de croix, pour les églises des chartreuses
de Naples ; le *Martyr de saint Janvier*, dans
la chapelle royale ; l'*Adoration des Bergers*, au
Louvre, etc., etc.

Mais reprenons le fil chronologique pour parler
de Giovanni Tolèdo, qui fit avec beaucoup de goût et
de fini un saint Jean-Baptiste, et une Madone avec
l'enfant-Jésus, et d'un autre Giovanni Toledo, capi-
taine, qui, voyageant militairement en Italie, se
perfectionna dans la peinture, embellit et enrichit de
ses œuvres les villes de Grenade, Murcie, Madrid, etc.
Puis, Alexis dell' Arco, sourd-muet, grand dessinateur et coloriste qui donna beaucoup d'expres-

sion religieuse à plusieurs tableaux à fresque qu'il exécuta à Madrid.

Donoso doit être cité avec respect comme peintre et comme architecte : comme peintre, il ressemble beaucoup à Paul Véronèse, ainsi que le prouve grand nombre de belles peintures sacrées qu'il exécuta à Madrid ; comme architecte, il construisit le cloître du collége de Saint-Thomas, le tombeau des marquis de Méjorada et la porte de l'église de Sainte-Croix.

Il ne nous reste plus qu'à parler de Escalante de Palanimo, et de Valdès ; le premier né à Cordoue, fut élève de Ricci, qui le forma au style vénitien et suivit les traces de Tintoret dans les nombreux tableaux qu'il fit pour le couvent des frères déchaussés à Madrid, qui traitent des entreprises de saint Gérard. Il fit aussi dans le même style une sainte Catherine, un Christ, et dans le réfectoire des frères mineurs dix-sept autres tableaux, plus le *Rachat des esclaves*, qui est son chef-d'œuvre. Palanimo fut un peintre doué de beaucoup de belles qualités, mais point distingué ni noble dans l'expression des sujets sacrés. Nous terminerons ce chapitre par Giovanni Valdès, regardé comme l'émule de Murillo comme le prouvent ses peintures dans les couvents de Séville et de Madrid, les nombreuses histoires du prophète Elie, la vie de saint Ambroise, les tableaux de l'église des Vénérables, le Triomphe de la Croix et un saint André.

MUSIQUE SACRÉE EN ESPAGNE

L'Espagne est sœur de l'Italie par la langue et par
le caractère ; la partie méridionale de ce pays étant
sous un climat plus chaud, elle est aussi la partie
la plus enthousiaste pour la musique ; en général
cependant on n'y fit pas beaucoup de progrès ; qu'il
nous soit permis de dire que nous attribuons ce
motif, à ce que les prêtres et les religieux voulaient en faire un monopole et un privilége. L'élan
et le progrès de la musique en Espagne se doit spécialement à la splendide cour de ce pays, cependant
nous devons dire que Morales Cristoforo, de Séville,
s'est beaucoup distingué dans la musique sacrée
même avant Palestrina. Au commencement du
xvɪᵉ siècle il étudia le chant dans la cathédrale de
sa ville natale, puis se rendit à Paris, où il publia
un recueil de messes. Paul III, pape, l'appela à Rome
pour diriger la chapelle pontificale où l'on conserve
encore son portrait ; il améliora le goût pour la musique et l'on peut ajouter même qu'il prépara la
voie au célèbre Palestrina. Son style est grave et naturel en même temps. Le motet *Lamentabatur Jacob*,
qui se chante encore aujourd'hui, le quatrième di-
manche de carême, est regardé comme un chef-

d'œuvre. Il publia en Italie plusieurs messes, motets et magnificats, etc. Beaucoup d'autres plus tard furent aussi d'excellents maîtres, mais avec le baptême pour ainsi dire de l'Italie, et nous nous plaisons à signaler parmi ces derniers Sulinas, Ceradeglias, Martinez, Eximenès, Yriarte, Artega, Requeno, etc.

MUSIQUE EN ANGLETERRE

Les Anglais sont à l'égal des Allemands et des Italiens, passionnés pour la musique ; comme ces deux peuples, ils préfèrent la musique sacrée et classique ; comme eux ils sont sévères et difficiles dans l'introduction du goût théâtral dans la musique ecclésiastique. Les Anglais dans tous les genres de beaux-arts, aiment le classique exclusivement, et attribuent une bien grande importance à la musique par l'heureuse influence qu'elle exerce sur une bonne éducation et pour former un bon cœur; rien ne le prouve davantage que l'obligation forcée de subir un examen de musique vocale ou de jouer de quelques instruments, à toutes les personnes qui se destinant à l'instruction veulent obtenir le grade de bachelier, aussi, l'étude de la musique est elle obli-

gatoire pour sept ans. L'Angleterre a donné de
très-bons et excellents maîtres et écrivains, d'œuvres musicales théorico-pratiques.

MUSIQUE SACRÉE EN ALLEMAGNE

DU XVIIᵉ AU XIXᵉ SIÈCLE

Un orgueil national excessif porta les Allemands
à se croire supérieurs à tous les autres peuples
de l'Europe; ils croient avoir tout inventé et avoir
seuls porté les beaux arts au plus haut degré
de perfection. L'Allemand, il est vrai, est intelli-
gent, penseur, profond, patient, persévérant dans
ses recherches, positif et capable de grandes choses; mais il n'est pas nécessaire, pour être un
grand peuple, de déprécier le mérite des autres
peuples et de ne pas reconnaître ce qui est vrai par
amour de la patrie. Nous avons vu que les missionnaires, à l'époque de Charlemagne, se dispersèrent
dans la Germanie, demi-barbare alors, et qu'ils
emmenèrent avec eux des architectes italiens pour
construire des églises, et que plus tard les Allemands devinrent de grands architectes : on trouva
en Italie la manière de peindre sur verre, et bientôt
après les Allemands perfectionnèrent cet art. Il en

fut ainsi de la miniature : l'on porta en Italie et en France les premières orgues et d'autres instruments, et les bons Allemands en améliorèrent la facture. En Italie, la musique prit un élan hardi grâce au talent de Palestrina et de ses élèves, et aussitôt les conservatoires italiens, et surtout celui de Naples furent fréquentés par des Allemands tels que Hændel, Bach, Hasse, Gluck, etc., etc. [1].

Seulement, quant à la peinture, ils restèrent en arrière des Italiens comme nous l'avons déjà dit, peut-être en punition de la guerre qu'ils firent aux images. Albert Durer fut leur plus grand artiste, mais il ne progressa pas dans l'art jusqu'à Raphaël, il resta au point où était resté Mantegna ; Cranack, et autres avant et après lui n'arrivèrent pas jusqu'à Albert Durer. Cependant le génie de l'art chrétien voulut favoriser les Allemands en leur inspirant le goût pour la musique sacrée, presque pour les récompenser dans leur apostasie d'avoir réservé une place à la musique.

Après Palestrina, nombre d'Allemands se pla-

---

[1] Que l'Italie soit supérieure, dans la musique, aux autres nations de l'Europe, c'est un fait irréfragable. M. Suard, au mot *Académie*, dit dans *l'Encyclopédie Méthodique : C'est aux Italiens que l'Europe doit la renaissance de la musique comme de tous les arts.* Et Grétry, *Essai de musique*, page 131, dit : L'école italienne est la meilleure qui existe, tant pour la composition que pour le chant; la mélodie des Italiens est simple et belle; avec quel plaisir je me suis trouvé une fois dans les prairies émaillées de fleurs, où l'on aurait dit qu'un génie bienfai-

cèrent dans les conservatoires de l'Italie pour étudier la musique, et d'autres, comme Nauman, Haydn, Mozart, etc., sans entreprendre ce voyage se formèrent sur les compositions italiennes. Admirables autant que rapides furent les progrès qu'ils firent dans cet art de leur goût, qui les mit au niveau de leurs maîtres, et bientôt le nombre de bons compositeurs fut grand ainsi que le nombre des écrivains d'œuvres de musique théorico-pratique et de critique musicale, de dictionnaires et de biographies[1]. Au grand développement de la musique contribuèrent les écoles élémentaires et supérieures, dans lesquelles l'étude du chant était obligatoire, et des écoles où l'on enseignait à jouer des instruments, ainsi que la protection amplement accordée à l'instruction musicale par les princes, et les faveurs dont étaient comblés les grands artistes. Ajoutez à cela que les rois et les princes régnants, pour favoriser une noble émulation parmi le peuple, invitèrent à leurs cours tous les meilleurs composi-

sant m'avait transporté de la terre au ciel! Mais quelle fut ma surprise lorsque j'entendis pour la première fois les chants italiens! Ce fut la première leçon que je reçus dans un pays où j'accourais pour m'instruire. Les contrées septentrionales d'Europe n'ont jamais produit des artistes signalés qui n'aient fait un séjour plus ou moins long en Italie. Il paraît certain que ce soit un tribut qu'on doit payer à ce climat privilégié du ciel, qui, en récompense, en assure la réputation.

[1] Nous en citerons quelques-uns, tels que l'œuvre de Fux : *Gradus ad Parnassum*, les traités de Kinberger, de Matheson, de Marburg, Bach, Knecht, Vogler, Forkel, Nickelman, Gerbert, Kock, etc., etc.

teurs et artistes italiens; Marie-Thérèse voulut même avoir auprès d'elle le prince des poëtes mélodramatiques, l'Anacréon italien, le célèbre Métastase; mais ce qui fait surtout le mérite de la nation allemande, c'est que la musique ecclésiastique s'est conservée jusqu'à nos jours dans toute son austère majesté et dans toute sa pureté.

Que voyons-nous? Le génie de l'art chrétien ouvre les portes du temple de l'immortalité. Quel vaste océan de lumière! Combien de génies renferme l'espèce humaine, qui rampent dans la boue des passions, qui errent dans les ténèbres de l'ignorance, persécutés, opprimés, avilis, et qui cependant sont devenus grands; en présence de tels faits, comment ne pas reconnaître que l'homme est fait à l'image de Dieu! Haydn, Hændel, Bach, Hasse, ainsi que Mozart, Beethoven et beaucoup d'autres, sont entourés pour toujours d'une splendide couronne d'étoiles et reposent sous la tente même du trône de Raphaël. Par leurs mélodies sacrées ils surent animer, exalter les âmes et faire verser des larmes de sainte tendresse et de compassion. Mais le génie de l'art chrétien qui les a immortalisés ainsi s'écrie : « O Allemands. continuez de marcher sur les traces de la glorieuse phalange de ces génies vos compatriotes; puisse la vue de leur triomphe et de leur apothéose vous exciter, vous enflammer à devenir grands dans la peinture et dans la sculpture, vous qui êtes si profonds dans la musique et qui en connaissez les plus secrets mystères. Voulez-vous exiler toujours de vos temples les deux sœurs de la musique, qui cependant ont la même origine et le même but? Contemplez vos églises dénudées de peintures et de sculptures : elles sont froides, prosaïques, ténébreuses et ressemblent à des prisons. » Il dit, et soudain une clarté fendit la nue et descendit illuminer l'Allemagne, et parmi les cités les plus dorées de ces rayons brillent Dresde, Vienne, Berlin et Munich.

SEPTIÈME ÉPOQUE

DE NAPOLÉON Ier JUSQU'A NOS JOURS

CONCLUSION

Le terrible ouragan qui exerça ses ravages prin-
palement sur la France et l'Italie ne dura pas quarante jours seulement comme l'épouvantable cata-
clysme que Dieu envoya pour renouveler la race
humaine, mais plusieurs années, et au lieu d'un
déluge ce fut une inondation de sang humain. . .

Après tant de délire, tant de ravages et tant de
victimes, l'humanité reprit ses droits; Dieu fit
encore apparaître l'arc-en-ciel, et en même temps,
au milieu des nuages rougeâtres et irisés, l'on vit
briller une grande étoile. Les rayons puissants de
cet astre furent comme la lumière qui, jaillissant
sur le chaos, apaisa la lutte des éléments destruc-
teurs.

Napoléon Ier fut ce génie puissant qui maîtrisa la mémorable révolution française, en la conduisant sur une bonne voie, où elle put développer les germes précieux qu'elle contenait. Sur les ruines d'une société décrépite et des anciens châteaux féodaux, il édifia une société nouvelle pleine de nobles et grandes idées, et c'est ainsi que l'Europe salua en lui le plus grand oracle politique. Fidèle à notre but nous ne considérons point Napoléon comme homme de guerre, mais plutôt comme législateur. En effet, il sut s'entourer de tous les talents et de toutes les capacités de son époque [1]. Il sut aussi s'en approprier toutes les grandes idées et c'est ainsi qu'il atteignit presque le but de la régénération de la vieille Europe. Napoléon Ier a tout réorganisé, reconstruit, amélioré et perfectionné d'une manière solide, et a fondé le plus puissant des empires; en même temps il a relevé l'éclat de la religion qui, dépouillée de préjugés, brilla dans toute sa céleste pureté. Mais pour atteindre ce grand but, combien de courage ne fallut-il pas déployer! Combien d'efforts, d'abnégation et de luttes à soutenir! combien d'entraves à surmonter! et malgré tant d'oppositions il avait presque accompli la grande mission que la Providence lui avait confiée. Mais hélas il était écrit

---

[1] Nous devons cependant excepter un des plus grands génies de la France, Chateaubriand, enfin, qui fut au contraire un de ses plus grands adversaires.

que l'étoile du génie devait décliner et que, nouveau Prométhée, il devait mourir lentement et enchaîné sur les rochers de Sainte-Hélène ! Sa chute entraîna aussi celle de son malheureux fils ; malgré tant de malheurs, son nom restera toujours révéré et béni par tous les peuples de la terre qui s'accordent à garder avec jalousie ses idées, ses conseils et ses lois, et en éprouvent encore les influences et les effets bienfaisants. Le feu sacré de la liberté qu'il a apporté parmi les peuples de la terre, personne ne pourra l'éteindre. Les impénétrables décrets de la Providence qui se joue de la fureur, de la haine des partis, et qui dans moins d'un demi-siècle a fait régner tous les gouvernements connus, a replacé sa dynastie sur le trône de France ; fasse le ciel qu'elle puisse accomplir la grande œuvre de la rédemption des peuples par les lois immuables de l'Évangile !

PEINTURE

A peine Bonaparte fut-il nommé consul qu'il pensa à effacer les traces sanglantes de la Révolution et à créer une ère nouvelle de prospérité et de gloire, son premier soin fut de rédiger, aidé par les premiers légistes de son temps, les matériaux nécessaires pour faire un code, et entre autres inno-

vations, de redresser les autels abattus, de remettre
en vénération les images sacrées et de protéger les
beaux-arts. Il releva le sceptre brisé et ceignit son
front de la couronne de Constantin, de Charlemagne
et de Charles-Quint. Il était beau de voir Napoléon Ier
entouré de ses courtisans, qui étaient les rois vaincus,
ayant pour cortége les cardinaux, les législateurs, les
peintres, les sculpteurs, les architectes, les compositeurs, les guerriers, qui tous reconnaissaient en
lui la supériorité de l'action , de la pensée et de la
direction.

Commençons à parler de la peinture, qui sous
sa domination se dépouilla du baroque et du maniérisme, et se fit estimer surtout dans les grandes
compositions de sujets historiques. A cette époque,
on ne lisait que les histoires grecques et romaines,
et l'on n'étudiait que Plutarque. Les peintres aussi,
soit qu'ils étudiassent à Rome ou dans leur pays
natal, ne s'adonnaient qu'aux grandes compositions classiques gréco-romaines, d'autant plus volontiers que les fréquentes et éclatantes victoires
de Napoléon, donnaient de nouveaux sujets de
batailles et d'allusions historiques antiques, et
d'apothéoses qui replaçaient la peinture comme
au temps des Médicis, non point que les peintres de
cette époque pénétrassent l'esprit de ce style pur et
grand, car ordinairement ils se contentaient seulement de la forme et de l'apparence.

Vien, Doyen, Leroy, Gros, Lescot, Vincent,
David, Gérard, Hennequin, Guérin, Lethière, Prud-
hon, mademoiselle Constance Mayer, etc., furent
des artistes qui sont la gloire de la France, mais
pour la plupart ils se distinguèrent plutôt dans
les sujets de batailles et d'autres sujets profanes,
et aucun, sauf Vien, ne s'appliqua au genre
sacré; nous sommes réduit à ne citer que deux
tableaux religieux empreints d'un véritable génie
qui sont l'épisode du Déluge, de Girodet, peinture
qui représente d'une manière saisissante la terrible
catastrophe, et le tableau de David représentant
saint Roch, qui implore la Vierge de faire cesser la
peste, œuvre vraiment magistrale de ce grand maître, que l'on peut voir à l'intendance sanitaire de
Marseille. Le génie de l'art chrétien qui eut à
pleurer la perte irréparable ou les dégâts des meilleurs chefs-d'œuvre, par l'aveuglement des fanatiques républicains, n'eut pas lieu de se réjouir des
artistes français ni italiens. Cependant nous devons
rendre hommage à Andrea Appiani, de Milan, peintre de l'empereur Napoléon Ier, et ami chéri du
prince Beauharnais, et le saluer comme le plus
grand peintre de l'époque, non-seulement pour ses
sujets historiques et mythologiques représentés avec
une grâce et une suavité raphaélesques, non-seulement encore pour avoir représenté les victoires
de Napoléon d'une manière noble et digne, et

peint l'incomparable apothéose de Napoléon [1], mais plus encore pour avoir exécuté à fresque, dans l'église de Sainte-Marie près Saint-Celso, à Milan, les quatre Évangélistes et les quatre docteurs de l'Église, œuvre vraiment magnifique et digne des temps de Raphaël, du Corrège et du Dominiquin, ainsi qu'une magnifique peinture représentant la rencontre de Jacob et de Rachel, qui se trouve dans la province de Bergame. Le même fit aussi une belle scène en émail et plusieurs gracieuses et dévotes Madones.

Le chevalier Bossi, qui fut son contemporain, ne surpassa Appiani que dans la manière de composer. Il exécuta la belle copie de la Cène de Léonard de Vinci qui servit au romain Raffaeli, pour faire la magnifique mosaïque qui se trouve à Vienne, dans l'église italienne. Savant plein de fantaisie et de goût, il mourut laissant une quantité de dessins de savantes compositions sacrées et profanes. Plus tard vécut aussi à Milan le chevalier Palagi, peintre de talent qui forma plusieurs élèves de mérite qui malheureusement pour l'art chrétien,

---

[1] L'empereur d'Autriche François Ier devant visiter la Lombardie, son majordome Settale, peiné de voir dans la grande salle du trône du palais royal à Milan la grande fresque peinte en l'honneur de Napoléon Ier, voulut faire transformer la figure de Napoléon en Jupiter en faisant ajouter la barbe au visage; mais il ne trouva personne, c'est-à-dire, ni barbouilleur, ni peintre italien qui voulût commettre une telle profanation.

moururent vite, laissant cependant, dans un grand nombre d'églises des œuvres dignes d'éloges; le seul survivant de ses élèves, fut le chevalier Bellosio, qui fit sur une grande toile, le Déluge universel que l'on admire dans le palais royal de Turin. A Florence, florissaient Sabatelli père et fils, qui furent professeurs à Milan, et qui exécutèrent des peintures sacrées de grand mérite comme dessin et comme composition, mais très-faibles d'exécution. Sabatelli père grava à l'eau forte six sujets de l'Apocalypse, de sa composition, œuvres très-belles.

Il est temps de faire une demande de la plus haute importance : A quel point se trouve la peinture de nos jours? Pour bien répondre à cette question, il convient de récapituler l'histoire de la peinture chrétienne, et de suivre les différentes phases qu'elle a subies.

L'origine de la peinture chrétienne est très-humble, elle naît sous terre dans les obscures catacombes, et de la main d'hommes dépourvus de tous moyens et esclaves. Cette peinture ne consiste qu'en des contours secs et linéaires, et cela pour représenter surtout des symboles, les uns empruntés au paganisme, les autres d'invention chrétienne, symboles destinés à exprimer d'une manière abréviative et hiéroglyphique, les histoires de l'Ancien et du Nouveau-Testament. Personne n'aurait pensé que ces peintures mesquines, inspirées par le génie de l'art chrétien, deviendraient la semence précieuse d'une grande quantité d'œuvres, qui dans leur noble conception ne pâlissent point devant celles produites par l'art gréco-romain. En effet, à peine la persécution eut-elle cessé que la peinture chrétienne prit un grand développement par l'étude des bons modèles, par la création des types du Christ, de la Vierge, des apôtres et de nombreux saints, et par la représentation plus complète des sujets bibliques ; mais à peine eût-elle réglé ses principes et appelé à son aide la mosaïque, qu'éclata la guerre contre les images sacrées, suscitée par la jalousie des patriarches et des évêques d'Orient, et par le fanatisme des empereurs, guerre qui dura près d'un siècle. Nous devons regarder comme un vrai miracle que les arts n'aient pas été écrasés sous le despotisme brutal des Grecs, des Sarrazins et des Hébreux fanatiques et matérialistes. Par cette guerre la peinture resta stationnaire et peu cultivée; Charlemagne fut le premier à la redresser par sa puissante protection : c'est à lui à qui l'on doit la cessation de l'hérésie des Iconoclastes. Cependant à cette époque, l'on suppléait par l'or et par les matières précieuses au manque de l'art, par l'abondance des ornements et les riches auréoles; mais dans le même temps l'on faisait dans les couvents les dévotes et jolies miniatures, et plus tard, au lieu de peindre sur l'ivoire ou sur parchemin, l'on peignait sur des petits carreaux de verre, l'on faisait les émaux, puis les verres coloriés et historiés pour les églises.

Les croisades donnèrent un grand mouvement à la peinture. Il est vrai que les Byzantins importèrent en Italie surtout et en France leur méthode matérielle purement mécanique, de peindre les images sacrées, mais ils ne firent pas fortune; leurs élèves se révoltèrent à la simple reproduction des vilains et invariables types byzantins, et cherchèrent, en étudiant le vrai, d'ouvrir une nouvelle voie plus noble et plus grande; ils réussirent à représenter le Christ et les saints d'une manière plus noble et plus digne, selon leur goût et le vœu des croyants. Ces premiers innovateurs, qui ont tant mérité de l'art et de la religion, passent inobservés, toute la louange tombe sur l'école éminemment esthétique ombrienne, sur Cimabue et Giotto; ses élèves améliorent l'art peu à peu, et Frate Angelico, Masolino, Masaccio, Mantegna, Gian Bellino, Zenale, Borgognone, Perugino, etc., portent l'expression sacrée au point le plus sublime, avec un peu de grandiosité et de correction de dessin dans les figures et les draperies, et d'étude et d'artifice dans la composition. Raphaël, Léonard, Corrège, Luino, Titien, etc., portent la peinture à la perfection.

Mais l'homme s'ennuie du beau pour se passionner de la nouveauté, et par cet amour déréglé, l'art

se précipite vers la corruption; à la grâce, à la délicatesse et à la véritable expression, se substitue la
science des muscles et des raccourcis, le difficile tient
lieu du beau. La facilité de l'exécution s'appele génie,
et c'est ainsi que l'art déchoit, et avec de telles exa-
gérations, et peu d'étude et de fini, l'on tombe dans
le baroque et le maniéré.

Les Français et les Espagnols s'abstinrent en partie de tels défauts, et de nos jours la peinture s'est
délivrée du baroque et du conventionnel, et à vrai
dire, dans les tableaux historiques ainsi que dans
les tableaux de genre, il y a le goût, la philosophie,
la convenance, l'exactitude des costumes, la vérité:
mais, malgré toutes ces qualités, l'art est encore
loin de la perfection. Certainement les grandes
expositions des tableaux modernes, confrontées
entre elles donnent un résultat satisfaisant, mais
si l'on place un tableau moderne très-beau, surtout de sujet sacré, à côté d'un autre, seulement
de second ou de troisième ordre de l'époque raphaëlesque, qu'on nous permette une expression
peut-être trop forte, ce même tableau moderne devient presque une parodie. En effet, qui, de nos
jours, sait peindre un Christ suavement triste d'une
physionomie douce, et se sacrifiant volontairement
pour le salut du genre humain? Qui nous peint
une Vierge belle, inspirée et dévote comme celles
de Raphaël, Guido, Léonard, Murillo, Carlo Dolci,

Sasso Ferrato, etc.? Les Christs que l'on peint de nos jours ressemblent à des hommes vulgaires plutôt qu'à la représentation de l'homme divin, et les Madones ressemblent à des femmes occupées des choses frivoles, ou pis encore. Copiez donc la nature, mais ennoblissez vos types, faites-en l'apothéose.

En France, une école a voulu innover sur le costume antique et soutenait avec raison que les vêtements arabes, n'ayant subi aucune modification, pouvaient aussi convenir aux Hébreux; mais nous avons trouvé dans les livres de Moïse le costume des Hébreux très-bien décrit, et qui est tout à fait différent de celui des Arabes, et d'ailleurs, leur costume a subi différentes phases. Esclaves en Égypte, et plus tard, à Babylone, ainsi que sous la domination romaine, ils ont dû recevoir la livrée de leurs maîtres. Mais vainqueurs avec Saül des peuples assyriens et d'autres peuples qui habitaient jusque sur les bords de l'Euphrate, ils ont adopté différentes modifications. Si on admet même pour un instant l'assertion de cette école, le costume arabe dépoétise le sujet biblique aux yeux des chrétiens, habitués à voir les prophètes et les patriarches vêtus d'une manière différente, et produit une espèce d'anachronisme qui fait paraître comme des faits modernes les anciennes scènes sacrées.

Une grande fatalité guide aussi une certaine école,

dite *du chic*, laquelle néglige tous les trésors des traditions artistiques pour ne s'adonner qu'à l'effet : cette école peut être appelée école théâtrale, école, nous ne dirons pas de fous, mais d'artistes sans conscience, car ils ne pensent qu'au présent. Ils font un tableau, ou pour mieux dire une pochade ou esquisse, et croient avoir fait un chef-d'œuvre en peu de jours; mais, hélas! ces peintures qui ne renferment ni étude, ni art, ne peuvent soutenir un sévère examen.

Quelle route donc prendre nous demandera-t-on? Celle déjà suivie par Raphaël et les génies contemporains, qui ont étudié leur prédécesseur, au point de vue de l'inspiration, et ont perfectionné la forme et le style, ou du moins faire comme le Guide, le Dominiquin, les Carraches, le Poussin, Lebrun, Murillo, Rubens, Van-Dyck, l'Albane, Carlemaratte, etc., qui profitèrent de l'enseignement, des traditions, des méthodes abréviatives et de la technique des grands peintres du siècle d'or, qui consultèrent le vrai selon le sentiment du beau, en choisissant les types et les formes, ainsi que les caractères les plus aptes à exprimer le sujet convenablement, de manière à charmer les yeux et à produire de nobles sensations et émotions.

Cependant notre idée est suivie en partie par les artistes modernes qui veulent reproduire l'école mystique de Frate Angelico et Masolino : Ary Scheffer,

Owerbeck, Ingres, Flandrin, Scöner, le sympathique Jalabert, tous chefs d'écoles, ont cherché avec beaucoup de succès mais ils n'ont point réussi à rendre complétement l'esprit de cette école antique. Paul Delaroche lui seul, s'inspira de ces maîtres anciens pour l'expression, et aussi dans la composition plus riche, plus libre, dans le fini des extrémités, par la manière plus large et naturelle de draper, par la perspective aérienne et linéaire, pour les reflets et l'anatomie suivant Raphaël, Léonard, Dominiquin, il les a surpassés tous. Quoi de plus sublime, de plus touchant, de plus délicat, que la sainte Cécile de Paul Delaroche? Quelle figure inspirée et céleste! Frate Angelico, Masaccio, Perugino, et même Raphaël dans sa première manière ne firent rien de plus beau; donc, pour renouveler l'art, il est à désirer que les artistes retournent à l'étude des bons et purs éléments, mais ils ne doivent pas s'arrêter au premier degré de la perfection, et il est indispensable qu'ils apportent dans leurs œuvres la grâce, l'ingénuité, l'esprit religieux, qui sont les qualités les plus importantes de cette école angélique.

SCULPTURE

Pour délivrer la sculpture de la stupide tyrannie du style baroque, un homme seul suffit ; ce grand homme fut Canova, si cher au génie de l'art chrétien. La renaissance de la sculpture eut lieu, à dire vrai, quelques années avant l'avénement de Napoléon Ier, mais le nouvel Alexandre arriva à temps pour impatroniser le mouvement, pour connaître et aimer le Phidias moderne, ce nouveau génie de la sculpture. Canova ne fut dans sa jeunesse qu'un simple berger, qui menait les moutons paître sur les Alpes, mais qui, plus tard, étonna le monde avec ses œuvres de sujets profanes suivant le goût de ces temps héroïques, et réussit même d'une manière surprenante dans les sujets sacrés. Les plus grands artistes italiens, français et allemands recherchaient sa conversation et son amitié, et écoutaient ses paroles comme celles de l'oracle de l'art ; et pour arriver à notre but, quelle est l'œuvre plus parfaite, plus religieuse que sa Madeleine, véritablement pénitente et chrétienne, qu'il retoucha et reproduisit plusieurs fois ! N'est-elle pas, cette Madeleine, supérieure en expression à celle du Corrège ? Quelle œuvre plus vraie que la statue du pape Rezzonico, qui paraît respirer et réciter les prières, et son splendide et somptueux monument qui figure si dignement dans Saint-Pierre de Rome, où resplendit fort aussi l'admirable statue de Pie VII en oraison devant la tombe de saint Pierre; l'on voit aussi de ce grand artiste le mausolée du pape Ganganelli dans l'église des Saints-Apôtres. Il fit aussi beaucoup de descentes de croix en bas-relief et diverses histoires sacrées peintes dans l'église qu'il édifia dans sa terre natale. Le monument sépulcral qu'il fit à Vienne pour la princesse Christine, archiduchesse d'Autriche, est une innovation des plus hardies, c'est une heureuse transaction du mythologique et du classique au religieux, innovation qui est avec raison suivie et pratiquée encore aujourd'hui.

L'œuvre de la renaissance de la sculpture fut continuée par Pacetti, romain, qui fonda à Milan une très-bonne école. Il était grand artiste, non-seulement dans la statuaire, mais bien encore incomparable dans le bas-relief[1]. La statue de saint Jacques le Mineur dans l'attitude de partir pour la prédication de l'Évangile, qu'on voit sur la façade du Dôme de Milan, est un vrai chef-d'œuvre tant la conception et le dessin franc paraissent l'œuvre de Raphaël,

---

[1] Pacetti fit, en concurrence avec Canova, la statue de Napoléon Ier. Le nom de Canova le rendit vainqueur sur le mérite de Pacetti. Cette majestueuse statue en plâtre se conserve au musée de Milan, où l'on vient de placer aussi la même statue en bronze de Canova.

tant cette statue est belle, bien étudiée et religieusement gracieuse. Pizzi fut contemporain de Pacetti, il décora de très-belles statues la façade du Dôme de Milan. L'Italie, à l'époque de Napoléon Ier, eut un second siècle d'or : en effet, de nombreux artistes se distinguèrent ; citons, comme sommités, Finelli, Tenerani, Bartolini, Marchesi, San Giorgio, Galli, Labus, etc., etc.

Thorwaldsen, émule et continuateur de Canova, vint d'Allemagne s'établir à Rome ainsi qu'un grand nombre de sculpteurs français. Il fit beaucoup de statues, de sujets sacrés, entre autres les douze apôtres. Bartolini fit la belle statue de la Résignation, mais les autres artistes s'adonnèrent bien peu au genre sacré, et c'est pour ce motif que nous nous contentons de les nommer.

La sculpture en France a dans la grande exposition de 1855 figuré avec honneur, mais nos artistes, quoique de grand mérite, ont besoin de donner une plus grande inspiration à leur marbre, de rechercher, de finir les extrémités, et de montrer plus de goût ; outre les œuvres antiques ils devraient mieux étudier Donatello, Bambaja, Michel-Ange, Benvenuto Cellini, etc., et les progrès accomplis par Canova et l'école milanaise, ainsi que l'école florentine et romaine de la première moitié de ce siècle.

ARCHITECTURE

L'architecture, à l'époque de Napoléon Ier, eut à subir la même phase que la peinture, c'est-à-dire que du style baroque et étrange elle passa au style classique gréco-romain. La manie de ce style fut si grande qu'il s'appliqua non-seulement aux constructions de tous les genres, mais s'étendit encore aux meubles, à la décoration, à l'ornementation, aux tapis, aux bijoux et même aux coiffures.

Dès que Bonaparte fut couronné empereur des Français, on construisit en France et en Italie différentes églises et rotondes en style classique, mais nous devons avouer que de tous les beaux arts c'est l'architecture sacrée qui a fait le moins de progrès. Depuis Bramante jusqu'à nos jours, les architectes n'ont rien inventé de beau, ni de bon, et aujourd'hui que cet art se relève il reste stationnaire; cependant nous devons ajouter aussi que le style gréco-roman employé trop matériellement à cette époque, n'était ni pur ni élégant, il n'y avait seulement que la forme extérieure, mais non l'esprit.

En France, dans ces dernières années, beaucoup de corporations religieuses ont voulu elles-mêmes créer des modèles d'églises inspirés d'un style que nous ne pouvons qualifier que de style hybride. Cet

étrange style consiste dans un amalgame non raisonné, dans une confusion de tous les styles, roman, gothique, renaissance et baroque, avec une
ornementation raide, sèche; il paraît que c'est un
style de convention qui cache peut-être de secrètes
significations pour les ignorants et les non initiés ;
mais quoiqu'il en soit, ce style heurte le sentiment
architectural ; tout ce que nous avons pu découvrir, c'est que ces révérends architectes tentent à
produire sur les façades de leurs églises, mais
principalement dans l'intérieur un effet théâtral.
En effet, à quoi servent ces fonds dorés, brillants,
ou à rayons derrière les statues de la Vierge, ou du
Christ, ou des saints ? est-ce pour imposer et im-
pressionner les masses? Moyens mesquins! quand
on peut obtenir de les améliorer par la prédication
de l'Évangile! Nous trouvons aussi que l'introduction des lustres dans les églises a quelque chose de
profane, qui les fait ressembler à des salles de bal,
ainsi que toute cette quantité de fleurs et de dentelles dont sont ornées les statues, les chapelles et
les autels ; tout cela n'est, selon nous, que puéril et
de mauvais goût, pour ne pas dire de l'idolâtrie.

Nous regrettons aussi de ne pouvoir pas approu-
ver un nouveau style architectural, appelé style
mixte, introduit principalement dans les constructions récentes de différentes églises de Paris;
nous ne pouvons comprendre comment, dans cette

capitale du savoir et du bon goût, ce style peut être toléré. C'est un mélange de gothique et de baroque ; si l'extérieur des églises de Saint-Augustin, de Saint-Louis, de Sainte-Eugénie, construites dans ce style-là, ne portait pas la croix et quelques autres indices, l'on ne pourrait supposer que ce sont des églises ; elles ont plutôt l'aspect d'une forteresse, d'une prison, d'un château fort du temps de Philippe II. En effet, certaines tours, certains avant-corps ne donnent pas l'idée de l'habitation intérieure.

Ceux qui se destinent à l'architecture sacrée doivent, à notre avis, étudier l'histoire ecclésiastique pour bien connaître comment l'architecture fut créée peu à peu, selon les besoins du rite et les fonctions sacrées, selon les vœux et les besoins des fidèles. Nous avons vu que le gothique vrai, le gothique savant, est le style éminemment religieux, inventé par le génie de l'art chrétien, et que d'autres édifices sacrés, qui ont la même valeur architecturale, tels que ceux de Pise, de Florence, de Viterbe, d'Orviete, de Rome, Parme, Plaisance, Vérone, Milan, Toulouse, Avignon, etc., etc., c'est-à-dire les églises de style ancien et de style italien, bramantesques, sont les vrais fondements que doivent atteindre le bon architecte, et non copier matériellement ce que l'on voit, mais imiter raisonnablement les beautés et les raisons pour lesquelles

elles furent faites dans un tel mode plutôt que dans un autre; outre cela, il faut encore étudier les récentes réformes introduites dans le rite pour chercher à améliorer les fabriques sacrées et à les approprier à l'usage auquel elles sont destinées. Il faut donc commencer par dire : Que devons-nous édifier? La maison de Dieu, la maison de la prière et de la paix, le lieu où se célèbre le grand sacrifice, où s'administrent les sacrements. Cette grande idée bien inculquée et comprise, il ne sera pas difficile d'édifier des églises dignes de louanges et parées de quelques nouveautés, mais de nouveautés raisonnables.

POÉSIE

Du Tasse jusqu'à la fin du xviiie siècle, la poésie, ce langage céleste, à l'exception de quelques sonnets sacrés de grand mérite sur le mort du Christ et sur Judas, n'a pas eu de dignes prosélytes. Celui qui l'a élevée à sa dignité et à sa haute mission a été l'abbé Parini, outre Métastase que nous avons déjà loué ; il ne traita, il est vrai, que des sujets d'utilité publique, mais il le fit dans un mode qu'Horace même n'aurait pas mieux fait, et il a porté les vers italiens au plus haut degré de perfection. A cette école se formèrent d'autres grands poëtes, tels que Masche-

roni, Spolverini, le grand Foscolo, le chanoine
Zanoja, Torti, Manzoni et Silvio Pellico.

Napoléon exerça sur la poésie la même influence
que sur la sculpture et la peinture, et il eut en
Gianni et en Monti les dignes chanteurs de ses victoires. Cependant Monti composa un poëme qui
peut entrer dans la sphère religieuse, sur *la Mort
de Basseville (la Bassvigliana)*; on sait que Basseville, grand partisan de la république, fut massacré
à Rome. Son âme se présente à Dieu qui, avant
de l'admettre dans le séjour des bienheureux, ordonna qu'en expiation de ses fautes, il fût conduit
par un ange pour contempler les scènes d'horreur
et de désolation causées par le fanatisme républi-
cain en Italie et en France. Le grand Foscolo composa un poëme sublime sur les tombeaux (*i sepul-
cri*), dans lequel il recommande la religion envers
les défunts. En même temps, dans la ville d'Asti,
surgissait le plus grand des poëtes tragiques italiens, Vittorio Alfieri, qui, dans des vers dantesques,
composa plus de vingt-deux superbes tragédies,
et, dans ce nombre, une de sujet sacré intitulée
Saül, qui n'est pas une imitation des Grecs, et est
toute parsemée de beautés bibliques; elle est re-
gardée comme son chef-d'œuvre, parce qu'il dépeint avec une grande vérité le caractère troublé,
inquiet et jaloux du protagoniste, ainsi que la vertu
de David, la douceur de Michol et la perfidie d'Abner;

dans cette tragédie il s'est proposé pour but cette grande pensée : *Miseri noi! che siam se Iddio ci lascia?* (Hélas ! que sommes-nous si Dieu nous abandonne?) Le chanoine Zanoja, qui fut aussi architecte et auteur de deux belles comédies pleines de morale, combattit dans deux sermons véhéments, splendides, la *fausse piété* et la *corruption* de son siècle. On lit avec plaisir les cantiques sacrés de Silvio Pellico ; mais Alessandro Manzoni, marchant dans la voie déjà tracée par l'abbé Parini, s'avança dans le sanctuaire et, détachant de l'autel la harpe de David, entonna ses cantiques, et par ses nouveaux accords célestes charma les croyants. Depuis David et saint Ambroise, on n'a jamais entendu des hymnes plus beaux, plus sublimes et plus édifiants. Il composa aussi un hymne sur la mort de Napoléon (*il cinque maggio*), hymne si grand, si plein de rares beautés qu'il a été traduit et commenté par tous les savants de l'Europe. C'est lui qui, plus heureux que Savonarole, est parvenu à proscrire pour toujours la poésie mythologique ; c'est lui qui a porté la poésie au niveau des idées de notre siècle et l'a mise en harmonie avec la grande religion du Christ [1].

Nous n'avons eu en France que bien peu de poëtes

---

[1] Il a composé aussi le *Panégyrique de la religion catholique et de sa morale*. Cet ouvrage, écrit en prose, est un véritable chef-d'œuvre ; il est lu comme un livre classique italien pour servir de modèle.

ayant traité des sujets sacrés ; cependant Chateaubriand, dans une prose d'une grande magnificence, a exalté les beautés de notre religion et fait ressortir l'abnégation et l'héroïsme des martyrs, afin de réveiller la foi dans le cœur des fidèles. Lamartine, le grand poëte, aurait pu exceller dans le genre sacré, mais il s'est adonné à d'autres sujets où il a cueilli des lauriers. Et, de nos jours, nous ne pouvons passer sous silence le bon Reboul, le poëte boulanger, de Nîmes, qui a su pénétrer les mystères de l'art chrétien et en comprendre les beautés.

La conclusion de ce chapitre est bien facile et naturelle : le poëte qui veut devenir grand dans les sujets sacrés doit étudier ce qui est grand et beau, et nous ne pouvons proposer de meilleur modèle que l'illustre Manzoni. Il est à désirer que nos écrivains traduisent ses hymnes et toutes ses œuvres pour nous en faire comprendre toutes les beautés, les nobles, grandes et sublimes idées.

MUSIQUE

Nous avons vu vers la moitié du siècle passé la musique sacrée opérer des prodiges et transformer les églises en tabernacles célestes, mais il y eut bientôt une trêve à cause de la révolution et la chapelle royale fut fermée et désorganisée le 10 août 1791. Mais cependant depuis le commencement de ce siècle et jusqu'à nos jours elle a cessé ses triomphes qui sont l'œuvre du génie de l'art chrétien.

Napoléon a exercé aussi son influence sur la musique et l'on peut dire avec orgueil qu'elle a fait en France d'immenses progrès. La chapelle royale fut le vaste champ sur lequel pendant quatre siècles elle exerça ses talents et ses génies. Napoléon, comprenant tout le bien que la musique sacrée a produit, reconstitua la chapelle qui fut appelée chapelle consulaire, se servant provisoirement des salons du conseil d'État. Elle se composait d'un directeur, de huit chanteurs et dix-sept symphonistes. Bonaparte montra dans cette circonstance son tact et son goût exquis pour la musique en choisissant pour maître de chapelle le grand Paisiello, le plus grand compositeur italien, plein d'imagination et d'expression et doué d'une facilité surprenante pour la composition, qui réussit dans la musique profane, les opéras et autres, mais fit mieux encore dans la musique sacrée. Il suffira de dire à sa louange que dans la bibliothèque royale de Naples on conserve de lui vingt-six messes et un grand nombre de motets riches d'inspirations et de mélodies. Paisiello composa pour toutes les cours d'Europe, mais spécialement pour la chapelle consulaire, puis impériale ; mais après tant de labeurs et de succès il désira se retirer pour goûter un repos qui lui était dû. Ce fut en l'année 1804 qu'il retourna en Italie, désignant pour son successeur Lesueur qui, quoique persécuté et calomnié par les autres maîtres, fut accepté par Napoléon à qui il plaisait beaucoup, tant pour son oratorio de Debora que par plusieurs messes et motets qu'il avait composés. Lesueur, comblé de bienfaits dans sa nouvelle charge, mit à profit ses talents et composa la grand'messe et le *Te Deum* pour le sacre de l'Empereur, ainsi qu'une foule d'autres morceaux religieux.

A propos de musique sacrée nous devons citer une anecdote qui honore l'Empereur. Zingarelli, grand maître et compositeur ayant refusé de faire chanter au Vatican le *Te Deum* pour la naissance du roi de Rome, fut arrêté et conduit à Paris sous bonne escorte, mais avec tous les égards. Napoléon l'accueillit avec une grande courtoisie, loua son courage, ses convictions politiques et le congédia en lui donnant une généreuse gratification pour son retour. Tant de magnanimité vainquirent la répugnance de Zingarelli, aussi lorsque Napoléon lui ordonna de composer une messe en onze jours, il exécuta ce qui lui était commandé et Napoléon le gratifia d'une somme de cinq mille francs.

Le célèbre Paër suivit Napoléon à Varsovie et composa, le 14 janvier 1807, en trois jours, une grand'messe qui fut exécutée dans la chapelle d'Amsterdam et eut un immense succès.

Depuis la chute de l'Empire jusqu'en 1830, la chapelle royale fut dirigée par Lesueur, auquel fut adjoint le célèbre Chérubini. A cette époque nous voyons encore malheureusement congédier et pensionner tous les artistes de la chapelle royale, et l'orgue d'Érard, qui devait être un vrai chef-d'œuvre d'expression, fut gâté et détruit. Cependant l'on ne peut se passer de beaux arts dans les grandes circonstances, et spécialement de la musique sacrée. Aussitôt après l'avénement de Louis-Philippe, la chapelle royale fut réorganisée, et de nos jours elle est encore dirigée d'une manière admirable.

Pour montrer les progrès de la musique il suffira de dire que du mois de mars 1802, jusqu'en 1830, on a donné à la cour 890 concerts et représentations théâtrales et qu'on a chanté dans la chapelle, 1560 grand'messes.

Mais passons en Italie, c'est là que naquirent les

grands compositeurs de drames théâtraux, c'est-à-dire : Rossini, le Michel-Ange de la musique ; Bellini, qui en est le Raphaël ; Donizetti, le Dominiquin et Verdi, le Michel-Ange de Carravage. Sans parler de beaucoup d'autres, Rossini a bien peu composé de sacré, mais ce peu est admirable et surprenant. Son *Stabat Mater* a fait le tour du monde en peu d'années ; l'on peut aussi considérer comme composition sacrée, son imposant *Moïse*. Il est maintenant occupé, dit-on, à composer un *Requiem* et une grand'messe. Il est regrettable que Bellini, cet homme doué d'une âme suave et délicate soit mort trop jeune, car il aurait ajouté quelques beaux joyaux au trésor de la musique sacrée.

Nous ne connaissons de Donizetti, en fait de compositions religieuses, que l'oratorio *le Déluge* et, si l'on veut, le drame des *Martyrs*. Verdi composa deux drames, *Nabuchodonosor* et *les Lombards à la première croisade*, où sont représentées des scènes religieuses d'une grande beauté.

L'Italie cependant, qui donna tant de maîtres de musique sacrée et tant de chefs-d'œuvre n'est plus aujourd'hui fidèle conservatrice de tant de gloire, elle marche à la corruption et aux défauts qui signalèrent la cour de Louis XIV, qui à la gravité et à la sévère majesté de la musique religieuse avait mêlé la musique théâtrale et même bouffe et la chapelle royale était transformée en académie, où l'on allait pour entendre tel maëstro ou tel autre compositeur, patronnés par telles ou telles duchesses, baronnes ou marquises, mais l'esprit religieux était complétement oublié.

En Lombardie spécialement, l'on ne joue plus dans les églises les compositions de Paisiello, de Zingarelli, de Marcello, de Haydn, mais des motifs d'opéras, dont les paroles que tout le monde sait par cœur, expriment : amours profanes, haines, vengeances, désespoir ; et les organistes ne rougissent pas d'exécuter des walses, des polkas, des contredanses, des marches militaires, au moment même les plus solennels, au grand scandale des fidèles.

En France, au contraire, les organistes et le clergé surtout, ont raison de se montrer sévère sur ce point, et nous pouvons vanter de récentes compositions pleines d'inspiration et qui secondent admirablement les cérémonies sacrées.

Il faut donc conclure que le génie de l'art chrétien est la plus précieuse émanation du savoir divin : l'homme qui a le bonheur d'être inspiré par lui, n'est plus une lointaine et pâle image de Dieu, mais dans le moment de ses extases il est presque égal à lui, car il s'élève sur les ailes de son génie jusqu'aux cieux et pénètre dans les tabernacles divins. Dans ces moments ineffables, il goûte d'avance le bon-

heur de la cour céleste, il est capable de mesurer
l'immense espace du firmament, la profondeur de
l'univers et de contempler les perfections de l'éternel, il est capable même de créer : c'est là qu'il
puise ses nouvelles idées, ses nouveaux types.

Le génie de l'art chrétien est aussi ministre du
pouvoir de Dieu, lequel ayant promis que l'Église
durerait jusqu'à la consommation des siècles et
qu'elle serait grande et révérée d'un pôle à l'autre,
suscita, non-seulement le cœur des docteurs, l'accord des martyrs et les phalanges saintes pour
l'illustrer avec leurs vertus, mais aussi des artistes
célèbres qui avec leurs compositions prodigieuses
concoururent à la rendre plus belle et plus glorieuse.
Ces grands hommes contribuèrent aussi à exalter
les esprits des fidèles, à favoriser la piété, à adoucir
les cœurs, à faire oublier les maux de la terre et à
faire désirer le ciel! Enfin, le génie de l'art chrétien
sur les ruines du paganisme accueillit les beaux-
arts, les baptisa du feu céleste, les purifia ; et de
nymphes couronnées de fleurs les transforma en
anges couronnés d'étoiles et les amena dans le
Vatican, pour siéger à côté du trône de la religion.

TABLE DES MATIÉRES

QUATRIÈME ÉPOQUE

CINQUIÈME ÉPOQUE.

(SIÈCLE D'OR DE L'ART CHRÉTIEN).

SIXIÈME ÉPOQUE.

(DÉCADENCE).

Peinture en Italie (du xvııᵉ au xıxᵉ siècle). — Écoles italiennes
(de Raphaël à Napoléon Iᵉʳ)

ARCHITECTURE EN ITALIE

(du XVIIe au XIXe siècle).

SIÈCLE D'OR EN FRANCE.

SEPTIÈME ÉPOQUE.

DE NAPOLÉON Ier JUSQU'A NOS JOURS.

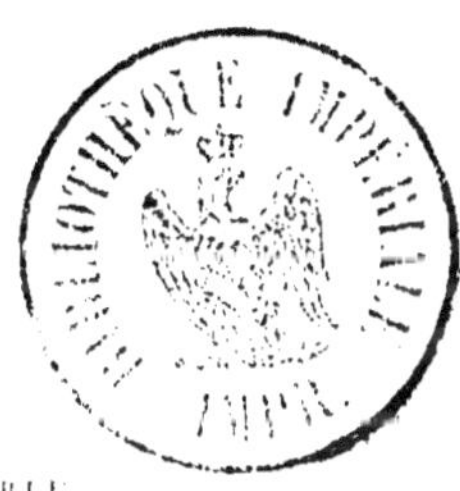

FIN DE LA TABLE

IMP. L. TOINON ET CIE, A SAINT-GERMAIN

LE GÉNIE

DE

L'ART CHRÉTIEN

Imprimerie L. Toinon et Cᵉ, à Saint-Germain.

LE GÉNIE

DE

L'ART CHRÉTIEN

HONORÉ D'UN BREF DE S. S. LE PAPE PIE IX

PAR

VICTOR GUIGOU

DEUXIÈME ÉDITION

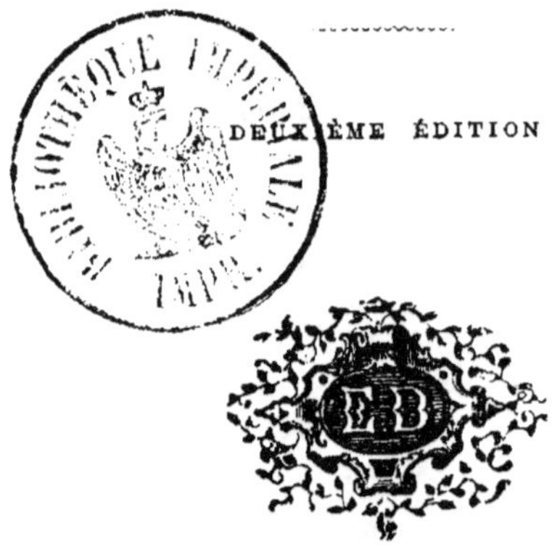

PARIS

E. DENTU, ÉDITEUR

LIBRAIRE DE LA SOCIÉTÉ DES GENS DE LETTRES

Palais-Royal, 17 et 19, galerie d'Orléans.

1870

DILECTO FILIO VICTORI GUIGOU,

EX INSTITUTO HISTORICO GALLIARUM,

MASSILIAM.

PIUS PP. IX

Dilecte Fili salutem et apostolicam benedictionem.

Quod veterum artibus deerat in sola materia defixis, id eis a sanctissima religione nostra, quæ ipsas erexit ad spiritualia referenda, fuisse collatum nemo negaverit, qui christianas cum ethnicis sedulo conferat. Facile enim sentiet istarum corpori spiritum veluti accessisse, qui eas tanto præstantiores facit, quantum anima materiam antecellit, ac pura mentis voluptas sensuum illecebras. Quamobrem tibi gratulamur, quod in hac nota veræ pulchritudinis typum constitueris, et gloriam istam asserueris ecclesiæ; quæ frustra obgannientibus eius osoribus, una veram *civilitatem* invexit, et perpetua fuit altrix veri *progressus*. Ob volumen itaque inscriptum LE GÉNIE DE L'ART CHRÉTIEN gratum tibi profitemur animum; et paternæ nostræ benevolentiæ pignus apostolicam tibi benedictionem peramanter impertimus.

Datum Romæ, apud S. Petrum, die 18 augusti 1869. Pontificatus nostri anno XXIV.

PIUS PP. IX.

LE PAPE PIE IX

Cher Fils, salut et bénédiction apostolique.

Ce qui dans l'art antique est seulement appliqué à la matière, a été élevé par notre sainte religion aux choses spirituelles : c'est ce que personne ne pourra nier, si l'on compare avec soin l'art chrétien à l'art des païens. En effet, il est aisé de comprendre que l'esprit soit venu pour ainsi dire s'ajouter au corps, et qu'ainsi l'art se soit d'autant plus élevé que l'esprit l'emporte sur la matière, et la pure volupté de l'âme sur les séductions des sens. C'est pourquoi nous vous félicitons d'avoir, dans cet ouvrage, établi le type de la vraie beauté, et d'avoir attribué cette gloire à l'Église, qui, malgré les attaques haineuses de ses ennemis, a seule guidé le monde dans la vraie civilisation et a toujours été le porte-étendard du vrai progrès. Aussi nous nous empressons de vous marquer notre reconnaissance pour votre ouvrage, intitulé LE GÉNIE DE L'ART CHRÉTIEN, et, comme gage de notre paternelle bienveillance, nous vous donnons très-affectueusement notre bénédiction apostolique.

Donné à Rome, au palais de Saint-Pierre, ce 18 août 1869. La XXIVe année de notre pontifical.

PIE IX.